CORNELIUS POLLMER

# Heut ist irgendwie ein komischer Tag

## Meine Wanderungen durch die Mark Brandenburg

*Für meine Familie*

»Ich behandle das Kleine mit derselben Liebe wie das Große, weil ich den Unterschied zwischen klein und groß nicht recht gelten lasse.«

*Theodor Fontane*

# Inhalt

# Abenteuer Heimat

Was ist Abenteuer und wo lässt es sich finden? Ich hatte als Kind ein Buch über Dinosaurier, es war das erste Buch, das ich wirklich geliebt habe. Ich verbrachte ganze Nachmittage damit und besonders lange blieb mein Blick immer auf der Doppelseite mit dem Brontosaurus kleben. Der Brontosaurus war viel größer als die anderen Saurier und zugleich schien er viel friedlicher zu sein. Er hatte ein liebes Gesicht und wirkte ein bisschen tollpatschig. Wie könnte jemand auch nicht tollpatschig wirken, der einen Wendekreis hat so groß wie das Saarland? Ich stellte mir vor, wie ich mich mit dem Brontosaurus anfreunden würde, in einem Land vor unserer Zeit, und wie ich mich dann auf seinen Kopf setzen würde, um auf ihm und mit ihm durch die Gegend zu spazieren. Ein größeres Abenteuer konnte ich mir nicht vorstellen. Und ich dachte, wenn mir nach drölf Milliarden Jahren auf dem Kopf des Brontosaurus irgendwann doch langweilig würde, würde ich ihn fragen, ob ich zur Abwechslung mal seinen Rücken runterrutschen dürfte. Später irgendwann sah ich den Film *Jurassic World*. Er spielt auf der fiktiven Insel Isla Nublar, in einem Vergnügungspark voller Dinosaurier. Die Leiterin der *Jurassic World* sagt im Film, sie müsse alle paar Jahre neue Attraktionen züchten und auffahren, um das Interesse der Öffentlichkeit nicht zu verlieren. Die immer gleichen Ansprüche an den Park und an seine neuen Mitbewohner lauteten: »Bigger, louder, more teeth«. Größer, lauter, mehr Zähne. Lässt sich Abenteuer wirklich auf Messwerte reduzieren?

Gäbe es die Isla Nublar, ich würde nicht hinfahren. Die Idee eines Saurierparks ist mir aus ähnlichen Gründen fremd, wie es das Konzept von sogenannten Sehenswürdigkeiten ist. Als ich das erste und einzige Mal in meinem Leben vor der Oper in Sydney stand, wurde ich schlagartig unfassbar müde. Die Golden Gate Bridge in San Francisco? Kein Interesse – es sei denn, es ist Nebel und man sieht die Brücke eben gerade nicht; eine nicht zu sehende Sehenswürdigkeit, die hat schon wieder ihren Reiz. Zum Glück ist in San Francisco häufig Nebel. Vom Eiffelturm erinnere ich vor allem, ewig lange angestanden zu haben, von der Sagrada Família, dass sie von außen viel spektakulärer anzuschauen ist als von innen, wo die Luft ja auch nicht besser wird. »Sehenswürdigkeiten« berühren mich selten, ich erzähle nicht von ihnen, wenn ich Postkarten schreibe oder daheim von meinem Urlaub berichte. Was hängen bleibt und was Reisen besonders macht, das ist für mich oft das Ungeplante, das Zufällige.

Was ist also Abenteuer und wo kann ich es finden? Eine der schönsten und abenteuerlichsten Nächte meines Lebens habe ich in Mühlhausen verbracht, der Thomas-Müntzer-Stadt im Unstrut-Hainich-Kreis in Thüringen. Kein Dinosaurierfilm der Welt wird je dort spielen, kein Mühlosaurus Rex wie ein zu heiß gelaufener Häckslermotor in die Nacht brüllen. Das ist auch in Ordnung so, Mühlhausen steht nämlich in keiner Konkurrenz zur Isla Nublar und das wiederum habe ich bei Theodor Fontane begriffen, in dessen *Wanderungen durch die Mark Brandenburg*.

Diese *Wanderungen* würde es ohne die schottische Grafschaft Kinross womöglich nicht geben, ohne den Levensee und ohne eine Insel in seiner Mitte. Auf dieser Insel fand Fontane zwar keine Dinosaurier, nicht mal ein Seeungeheuer, aber er fand, immerhin, die Trümmer eines alten Douglas-Schlosses, Loch Leven Castle. Fontane streifte durch Eschen und Schwarztannen und hoch aufgeschossenes Gras und irgendwann ruderte er wieder davon: »… die Insel wurd ein Streifen, endlich schwand sie ganz«. Was aber nicht schwand, das war die Imaginationskraft des Autors im Ruderboot und so geschah es, dass »plötzlich unsre Phantasie weiter in ihre Erinnerungen zurückgriff und ältere Bilder vor die Bilder dieser Stunde schob. Es waren Erinnerungen aus der Heimat, ein unvergessener Tag.«

Konkret waren es Erinnerungen an das Rheinsberger Schloss, die bei Fontane »wie eine Fata Morgana« über dem Levensee ins Licht brachen.

Mir geht es auch so, dass ich unterwegs ständig Bilder und Trugbilder meiner Heimat sehe. Es sind wärmende Bilder, selbst wenn sie einen manchmal in Peinlichkeiten schubsen. Wie zu Beginn des vergangenen Sommers im

Norden Australiens, als ich einem Aborigine erklärte, wie sehr mich die herrliche Landschaft an die Sächsische Schweiz erinnere. »Do you know Lilienstein?«

Man bekommt einen Menschen also aus seiner Heimat heraus, aber die Heimat selten ganz aus ihm. Als Theodor Fontane in Schottland von Brandenburg eingeholt wurde, als er vom Levensee zwar tief berührt sich wiederfand und trotzdem an die Heimat denken musste, da fragte er sich: »War jener Tag minder schön, als du im Flachboot über den Rheinsberger See fuhrst, die Schöpfungen und die Erinnerungen einer großen Zeit um dich her?« Und er beantwortete seine Frage mit: »Nein.«

In Momenten wie dem auf dem Levensee vermischen sich Vergangenheit und Gegenwart und es kann, zweitens, eine neue Lust auf das Abenteuer Heimat daraus erwachsen.

Die jüngere Vergangenheit, das ist in der öffentlichen Erzählung oft die Zeit, in der noch alles gut war. Die Zeit, in der es eine Zukunft nicht nur gab, in der sich sogar alle darauf freuten. In der die Menschen Sozialsysteme ausbauten und Schutzimpfungen erfanden, in der Wandel nicht als Bedrohung galt, sondern Fortschritt bedeutete. Diese Vergangenheit, das ist die Zeit, in der ich nicht gelebt habe.

Die Gegenwart, das ist die Zeit der Widersprüche. Eine Zeit ohne Krieg in der Heimat, aber auch ohne gesellschaftlichen Frieden. Eine Zeit großen materiellen Wohlstands, aber auch großer Angst, diesen oder auch nur einen Teil davon zu verlieren. Eine Zeit großer individueller Freiheiten, aber auch eine, in der Gemeinschaft und Solidarität drohen, verloren zu gehen. Die Gegenwart, das ist die Zeit, in der ich lebe und in der gar nicht so vieles so schlecht sein kann, wie es manchmal gemacht wird.

Ich weiß nicht, wann genau das begonnen hat, dass ich mich wieder mehr für meine Heimat interessiere als für Fernreisen in kosmopolitische Pflichtbesuchsstädte wie New York oder zu instagramtauglichen Naturschönheiten. Ich weiß aber, warum es so ist. Es ist kein Distinktionsgehabe, so viel ist sicher. Wer auch nur ein einziges Mal an einem heißen Sommertag in der Burgenlandbahn saß und an wirklich jedem Bedarfshalt unterwegs die Türen aufgehen sah, der weiß: Um Distinktion kann es wirklich kaum gehen, wenn jemand sich dem Osten und sich im Osten verschreibt.

Es geht mir vielmehr darum, meine Position zu verstehen, es geht darum, ein System und darin Koordinaten und in diesem Koordinatensystem einen Punkt zu erkennen, von dem ich dann sagen kann: Da ungefähr, da bin ich. Und das ist es auch, was für mich den Begriff der Heimat von dem der Herkunft unterscheidet. Ich fand es immer verwunderlich, den ersten Begriff allein über den zweiten zu definieren. Herkunft ist vorbei. Für mich ist Heimat viel mehr eine Frage nach Zukunft. Heimat sehe ich in dem, was mir bleiben soll, hoffentlich: bleiben wird. So wie Menschen einander in diesem Sinne Heimat geben, so können auch Orte Heimat geben. Nur, welche?

Die Orte, die mir Heimat sind, werden nicht von *EasyJet* angeflogen. Heimat finde ich im Antizyklischen, im Randständigen, in der Abwesenheit von Mode und

Zeitgeist, in der Abwesenheit von Mutmaßungen über Zugehörigkeit in Clubs, Restaurants, bei Premierenpartys. Heimat finde ich auch dort, wo gerade so noch ein Regionalexpress hält oder auch nur die Burgenlandbahn, wenn überhaupt.

Diese Heimat empfinde ich als bedroht. Weil sich ein giftiges Narrativ epidemisch ausgebreitet hat, demnach es gutes Leben nicht überall geben könne. Du kannst was, du willst was vom Leben? Dann bleibe bloß nicht in Mühlhausen, in Weißenfels, in Neuruppin. Wann hat das angefangen? Und stimmt es nur, weil so viele dieses Narrativ gebrauchen? Das wüsste ich gerne.

Denn wann immer ich in solchen Orten bin, durchdringt mich mit aller möglichen Gewalt eine Frage: Wo ist Leben, wo ist Zukunft? Selten sehe ich welches, selten sehe ich welche. Das macht mich traurig. Aber vielleicht gibt es sie ja, vielleicht begreife ich sie nur nicht?

Die Sorge um Zukunft findet sich allüberall belegt, da muss wirklich niemand lange suchen. Überall gibt es Orte wie Gentzrode, gelegen am nördlichen Rand Neuruppins. Als Fontane Gentzrode erwandert hatte, fand er das Gutshaus, ein Ensemble im neomaurischen Stil, und er befand fast utopistisch ungehalten, wirklich alles hier befinde sich »im Werden«. Heute gibt es in Gentzrode einen betrüblichen Wettlauf mit der Zeit. Vor vielen Jahren hat ein türkischer Investor das Gelände des Gutshauses übernommen, seitdem ist nicht viel passiert. Das Ensemble verfällt, vielleicht endgültig. Und wenn es nicht verfallen sollte, dann weil der Investor doch noch seinen angeblichen Plan umsetzt, über den die *Märkische Oderzeitung* berichtet hat. Der

Geldgeber, heißt es, will »eines der größten Freizeit-resorts in ganz Europa« in Gentzrode aufziehen. *Bigger, louder, more teeth?*

Es ist leicht, an Orten wie Gentzrode vorbeizufahren oder über sie hinwegzufliegen. Sich nach einem kurzen Blick recht zu geben: Ist öde dort, muss ich nicht hin. Es ist interessanter und aufrichtiger, sich diesen Orten in Ausführlichkeit zu widmen, um sie in Ruhe zu befragen.

Theodor Fontane nahm sich dafür 30 Jahre – die Antworten, die er in seinen *Wanderungen* fand, füllen fünf Bände. Sie sind von einer Romantik, wie wir sie uns heute zu selten erlauben, wie wir sie teilweise womöglich längst verlernt haben. Zu Fontane sprach an manchen Orten die Stille, sie sprach zu ihm dort, wo man heute recht schnell urteilen würde: Ist halt echt nichts los hier. Theodor Fontane forderte von sich selbst, bei der Reise in die Mark »mindestens keine Voreingenommenheit« im Sinn zu haben – und er empfahl dies auch allen möglichen Nachahmern. Unvoreingenommenheit, was für eine schöne Tugend. Fontane schließlich sagte, das Beste, das einem in der Mark begegnen werde, das seien die Menschen, »vorausgesetzt, daß du dich darauf verstehst, das rechte Wort für den ›gemeinen Mann‹ zu finden.«

Durchreisende Journalisten verstehen sich heute zuweilen darauf, gemeine Worte für den rechten Mann in Brandenburg zu finden. Vor dem muss und sollte niemand die Augen verschließen. Vor allem anderen aber auch nicht. Theodor Fontane hielt fest: »Ich bin die

Mark durchzogen und habe sie reicher gefunden, als ich zu hoffen gewagt hatte.« Er schrieb, man solle dieser Heimat mit »Liebe und Anhänglichkeit« begegnen sowie mit »dem guten Willen ... das Gute gut zu finden«. Gut. Das mache ich jetzt mal.

Ich möchte also Brandenburg entdecken. Ich möchte dort sein, ich möchte dort wandern, einen Sommer lang. Ich möchte zuhören, Menschen, Gebäuden, der Natur. Ich möchte den guten Willen haben, das Gute gut zu finden. Es geht um eine atmosphärische Vermessung der Gegenwart hauptsächlich dort, wo statistisch gesehen die meisten Menschen ihr Leben führen, nämlich außerhalb der großen Städte. Es geht darum, die Neugier auf das zu lenken, was vor der Haustür liegt. Es geht um den festen Glauben, dass Abenteuer wie von selbst passiert, wenn man einfach mal losgeht, mit einem Rucksack, mit etwas Bargeld, mit keinem Plan außer dem, nicht schon am Abend wieder daheim zu sein.

Marquardt, Karwe, Fehrbellin. Werben, Menz, Hermannswerder. Jeder Ort: ein Versprechen. Fast egal, welches davon eingelöst wird und welches nicht. Der Anspruch ist, keinen Anspruch zu haben. Der Anspruch ist, Freiheit zuzulassen und die Größe kleiner Augenblicke zu sehen. Es geht letztlich darum, der Gegenwart Größe abzuringen. Es geht darum, mögliche Normalitäten der Zeit zu finden, in der ich lebe. Es geht darum, nicht die Vergangenheit oder irgendwelche Klischees das Bild der Heimat bestimmen zu lassen. Es geht darum, sich stattdessen ein eigenes Bild zu machen, hier und dort und am besten zufällig.

Immer dabei ist einer, der mich trägt. Oft trägt er mich friedlich und stumm, manchmal sagt er auch was. Der, der mich trägt, ist Theodor Fontane, sozusagen mein ganz persönlicher Brontosaurus.

Gloria in excelsis Theo

Es gibt Tage, an denen mich die Aufregung weckt, bevor der Wecker klingelt. Heute ist so ein Tag, denn heute werde ich konvertieren. Ich werde übertreten in die Freikirche der Fontanisten. Wird es Nebeltöpfe mit Weihrauch geben, Tieropfer, einen Priester in Purpur? Ich weiß es nicht. Ich weiß lediglich, dass ich an einer Zeremonie teilnehmen werde. Das heißt, na ja, eigentlich habe ich mir nur eine Busfahrkarte besorgt.

Aber eben nicht irgendeine Karte und nicht für irgendeinen Bus. Ich habe mir einen Platz bei einer Pilgerreise organisiert, einer veritablen Wallfahrt. In Neuruppin, der Geburtsstadt Theodor Fontanes, soll diese Fahrt beginnen. Neun Stunden soll sie dauern, zu den Wirkungsorten Fontanes soll sie führen. Der Bus wird, so habe ich die Ankündigung verstanden, überall dort halten, wo der Autor mal einen Kubikmillimeter Luft weggeatmet hat.

Klingt ein bisschen wenig für einen Pfingstsonntag? Gegenprobe: Die Fahrt ist seit Wochen ausgebucht, in Neuruppin wird seit Tagen von ihr gesprochen und sie steht längst im Verdacht, nichts weniger als ein absolutes Happening zu werden, ein Spezialereignis für passionierte und in ihrer großen Mehrzahl pensionierte Fontanisten.

Ich habe die Erwartungen zusätzlich geschürt. Hier und da habe ich in Gesprächen fallen lassen, wer in Sachen Fontane etwas auf sich halte, der müsse bei der Fahrt am Sonntag wirklich dabei sein, da gebe es keine zwei Meinungen. Fontane selbst sei ja einst auf Pfingstfahrt gegangen, in den Teltow, und nach allem, was ich gehört hätte, planten die Monotheoisten jetzt eine Art mobilen Gottesdienst unter freiem Himmel, eine Anbetung in Etappen, ein gewaltiges Halleluja, das noch weit über die Grenzen der Mark werde zu vernehmen sein. Gloria in excelsis Theo.

So hatte ich mir das irgendwann wirklich vorgestellt, aber jetzt liege ich in einem sehr schmalen Bett in einer Pension und habe keine Lust aufzustehen. Ich liege wach, aber ich liege. Da ist keine Feierlichkeit in mir, auch keine erwartungsfrohe Erbaulichkeit. Da ist stattdessen dieses Gefühl, sich mal wieder leichtfertig verabredet zu haben, wie das manchmal mit Bekannten passiert, die man auf der Straße trifft. Klar, unbedingt bald auf ein Bier, wie wär's übernächsten Mittwoch? Dann kommt die Woche, der Tag, der Abend: so gar keine Lust. Aber muss ja, jetzt noch absagen, das wäre anstandslos.

Nun also: eine leichtfertige Verabredung mit Fontane. Was nützt diese Parallele? Gar nicht so wenig. Sie erlaubt, ein paar Erfahrungswerte abzurufen und mit deren Unterstützung mir und diesem noch jungen Sonntag auf die Beine zu helfen. Die Erfahrung sagt: Es bringt nichts, die Unlust zu kultivieren und mit ihr schwer beladen wie ein wandelnder Migräneanfall durch den Tag zu tapern. Besser ist es, sich dem Unausweichlichen völlig hinzugeben und in dieser Hingabe mit etwas Glück sogar eine Balance zu finden. Eine Balance einerseits aus der sanftmütigen Aufgabe jeglichen Widerstands – und aus andererseits einer großzügig überdrehten Hare-Krishna-Hysterie.

Diese Balance stellt sich heute erstaunlich schnell ein, nämlich 20 Minuten und 17 Treppenstufen später im Frühstücksraum der Pension. Der Wirt hatte am Vorabend wissen wollen, wann ich gedächte zu frühstücken und ich hatte in der Sache hart, aber freundlich geantwortet: keine Ahnung. Ähnlich könnten es die Familie mit den drei kleinen Kindern, das Rentnerpaar sowie die ebenfalls allein reisende Seniorin gehalten haben. Sie alle drängen nun zeitgleich wie in einer Zombie-Version von Pac-Man aus unterschiedlichen Winkeln in den kargen Frühstücksraum. Der Wirt kann diesen von einer kleinen Theke einsehen. Als er den Ansturm von immerhin neun Personen gleichzeitig realisiert, perlt tröpfchenweise Panik auf seiner Stirn.

Unser Wirt fällt eindeutig in jene Kategorie Männer, die man mit der gebotenen Freundlichkeit gemütlich nennt. Umso riskanter ist die Entscheidung zu bewerten, die er jetzt angesichts von neun gleichzeitigen Frühstücksgästen trifft: Nach kurzem Überlegen wählt er die Strategie, mit erhöhter Geschwindigkeit auf die in ihm aufsteigende Nervosität zu reagieren.

Der Wirt versucht, mit einer schnellen ersten Runde sich und die Situation zu beruhigen und liefert also zunächst die bereits abgezählten und vorsortierten Eier aus. Ein Körbchen mit derer fünf landet auf dem Tisch des Rentnerpaares, ein einzelnes Ei hingegen bei der fünf Köpfe zählenden Familie. Ich bekomme zwei Eier, ein vergleichsweise glückliches Los. Zwei Eier sind eines zu viel, aber eben nur eines und damit gerade so wenig, dass ich beide Eier essen und mit Treu und Glauben die Rechtmäßigkeit dieses Handelns behaupten könnte, sollte es im Nachgang dieses Morgens zu einer juristischen Aufarbeitung des Frühstücks kommen.

Während ich so denke, eilt der Wirt schon wieder hinter die Theke und jongliert patschend in Vorbereitung von Runde zwei die offenbar sehr heißen Brötchen aus dem Ofen. Ahhhh, huhhh, heiß, heiß, huhhhhh. Ich lüfte ein zweites Mal das kleine Tuch über meinem Körbchen, als säße ich beim Poker und wollte mein Blatt prüfen. Die allein reisende Rentnerin am Nachbartisch nutzt diesen Moment und spitzfindelt mich von der Seite an. Mit einem Lächeln, das Gelassenheit nur vortäuscht, rechnet sie vor: Wenn es Körbchen mit nur einem Ei gebe, und die Familie da drüben habe ja ein genau solches bekommen, dann seien die zwei Eier in meinem sicher nicht für mich allein gedacht. Ob ich nicht so freundlich sein und ihr also eines der beiden Eier abgeben wolle? Ich tue wie gewünscht und schenke ihr ein Lächeln, das Gelassenheit nur vortäuscht.

Die Brötchen sind außen zwar heiß, innen jedoch noch gefroren. Bei der Familie nörgeln die Kinder, weil derdiedas Nutella fehlt, derdiedas ihnen offenbar versprochen worden war. Meine Nachbarin hat jetzt zwar ein Ei, aber kein Salz.

»Alles gut soweit?«, fragt der Wirt nervös aus seinem Thekenabteil.

»Alles bestens«, antworten wir unisono aus dem Frühstücksraum.

Das kleine Durcheinander hat mich im besten Sinne aufgeraut, ja, ich bin jetzt wach und bereit für meine Erweckung. Und sie kommt schneller als gedacht, bereits auf dem kurzen Weg zum Treffpunkt droht die totale Erleuchtung. Der Ruppiner See blendet schon am Morgen in kleinen Stichen, Glitzerfunkeln überall. Und in der nahen Ferne, am Bollwerk: gleißendes Beige. Keine Frage, das muss meine Gemeinde sein.

Schnelles Bonding mit Rentnern gehört gewöhnlich zu meinen Kernkompetenzen, gerade aber bin ich dafür zu aufgekratzt, viel zu euphorisch. Irgendwo muss diese Euphorie hin, am liebsten würde ich gleich nach meiner Ankunft jemanden umarmen, egal wen, Mensch, wir alle hier, ist das nicht toll! Abgelenkt und gerettet werde ich durch eine Alle-mal-herhören-Ansage der Reiseleiterin, Uta Bartsch.

»Es wäre gut, wenn alle ein Ticket haben«, ruft Bartsch der Gruppe in freundlicher Strenge zu.

»Na, 'n Tick ham wa uff jeden Fall!«, kumpelt ein Busrentner zurück. Alle lachen befreit auf, so auch ich.

Zustieg. Der Bus hustet beschwerlich den kleinen Hügel am See hinauf, durch die Reihen weht bald vorfreudiges Ausflugstuscheln. Dieses Tuscheln gilt in nicht geringem Maße einem Mann, der vorne rechts neben Uta Bartsch seinen Führungsplatz eingenommen hat: Günter Rieger. Schon vor der Abfahrt hatten sich um Rieger immer wieder kleine Menschenmengen gebildet. Mein erster Verdacht war in die Richtung gegangen,

Rieger könnte einen Beutel Give-aways dabeihaben, um sich die Gunst der Gruppe zu sichern – Probiertütchen mit Betablockern vielleicht oder Rabattkärtchen fürs örtliche Reformhaus.

In Wahrheit ist Günter Rieger in der großen Freikirche der Fontanisten eine Berühmtheit und Koryphäe, er ist, ohne jede Übertreibung, eine Art Papst ohne Purpur und ihn werk- und ortskundig zu nennen, wäre eine dramatische Untertreibung. Vor bald 30 Jahren hat Rieger einen Regionalverlag gegründet, der nach ihm benannt ist und in dem er auch den geistigen Nachlass Fontanes mit Akkuratesse und Liebe verwaltet. Rieger scheint alles zu wissen, wirklich. Textstellen, Bekanntschaften Fontanes, geheime Gedanken. Rieger kennt selbst die Biografien von Leuten, deren Namen ich mir keine drei Minuten merken kann, von Hans Joachim von Zieten etwa oder von Karl Richard Meusenstein. Und wenn Günter Rieger die Biografie Karl Richard Meusensteins doch nicht kennt, dann nur, weil ich mir diesen Namen gerade ausgedacht habe, mangels real erinnerter Alternativen. Wenn man wie ich ein gegenwartssüchtiger Mensch ist, kann es keine fremdere und keine bessere Spiegelfläche geben als jemanden wie Günter Rieger. Wenn Rieger zum Beispiel erzählt, im Ruppiner Land sei früher viel mit Torf gehandelt worden, die Menschen hätten gut gelebt von diesem Geschäft, bis mit der Kohle ein höherwertiger Energieträger aufgekommen sei, dann denke ich sofort an die Lausitz und an den dort bevorstehenden Zeitenbruch. Geschichte wiederholt sich irgendwie eben doch, nur in anderem Gewand, und wer weiß, vielleicht könnten wir zwei heute eine ganz gute Kombination ergeben: Ich, der ich viel über das Jetzt und die Zukunft nachdenke – und Rieger, der an der Nadel der Geschichte hängt.

»Wir fahren durch das Morgenland«, sagt Günter Rieger feierlich, als wir das Ostufer des Sees entlangschaukeln. Er erläutert, dass seinerzeit die freien Bauern verpflichtet worden seien, »einen Morgen Land zu kultivieren«. Wie wunderbar zukunftsgewiss und fruchtbar und mehrdeutig das klingt: ein zu kultivierender Morgen. Der bäuerliche Alltag damals wird nicht vergnügungssteuerpflichtig gewesen sein, aber ist es nur ein Fortschritt, dass sich heute große Landmaschinen durch die Böden fressen und fräsen und dass dieser Boden in Hektar vermessen wird? Hektar, das klingt nach einem grimmigen Höllengott und nach Einrichtungsmassenware von IKEA. Bevor ich mich aber schon wieder gedankenspringend zwischen Gestern und Heute verliere, holt mich Günter Rieger über das Busmikrofon zurück in die Gegenwart:

»Wer die Vergangenheit nicht kennt, der kann die Zukunft nicht gestalten«, sagt er.

Das Zitat ist von Fontane oder von Helmut Kohl, vielleicht ist es auch einfach nur: von Günter Rieger. Der verteilt nun jedenfalls weiter anekdotische Snacks an seine Jünger und wir Halb- und Viertelwissenden schnabeln ihm genüsslich aus der Hand.

Rieger ist nach klassischer Lesart ein Streber. Aber mehr noch ist er mir sympathisch, weil er auch ein Spieler ist, ein behutsamer Blender und Fontanist also auch im potemkinschen Sinne.

»Mensch, was wir zwei schon für Fahrten gemacht haben!«, raunt Rieger zum Busfahrer rüber, als wären beide zusammen in Vietnam gewesen.

Der Busfahrer nickt etwas irritiert und schon in der nächsten Kurve, bei der nächsten Gesprächsanbahnung, wird klar, warum:

*Rieger:* »Du, Frank ...«
*Fahrer:* »Wolfgang.«
*Rieger:* »Wie?«
*Fahrer:* »Na, ick heiß Wolfgang.«
*Rieger:* »Ach so, ja ja, klar.«

Günter Rieger ist mir auch deshalb sympathisch, weil seine Verehrung für Fontane nicht ins Unbedingte oder gar Kultische kippt. Statt einer Wall- erlebt unsere Gruppe eine literarische Butterfahrt – mit einem Reiseleiter, der sich auch mal weit aus dem Busfenster lehnt und sagt, dass manche Fußnoten in den *Wanderungen* ja viel spannender seien als der eigentliche Text. Ein Verdikt, das in der Reisegruppe mit erstauntem, letztlich aber beifälligem Murmeln zur Kenntnis genommen wird.

Eher Fußtritte als Fußnoten bekomme ich zu spüren, als ich beim Stopp in Wustrau von der Gruppe davonschleiche und hinein ins privat betriebene Brandenburg-Preußen Museum. Draußen berichtet Günter Rieger, dass Fontane hier nach den Grabstätten derer von Zieten schaute und in der kleinen Wustrauer Kapelle »das Ideal von einer Dorfkirche« erkannte. Drinnen ist an der Empfangstheke ein wohl gekleideter Mann anzutreffen und als ich mich bei ihm spontan und auf Verdacht nach dem größten Sohn der Region erkundige, da wird er gleich erfrischend blasphemisch. Es gebe, sagt der Mann, »fast niemanden in meinem Umfeld, der aus Schulzeiten eine positive Erinnerung an den Autor Fontane hat. Das ist ein verschwindend geringer Teil.«

Ich will den Mann warnen, schhhhhht, passen Sie auf, da draußen, da ist Papst Rieger mit seiner Hobby-Kurie. Aber er spricht aus Überzeugung und diese Überzeugung lautet, dass Fontane eben ein sehr schwieriger Autor gewesen sei und dass man hier in der Region deswegen die Zugkraft seines Namens nicht zu hoch schätzen solle. Ob die großen touristischen Erwartungen an das Jubiläumsjahr 2019 gerechtfertigt seien? Na ja, er, sagt der Mann, sei sich da nicht so sicher. Das Museum hier jedenfalls werde, so viel wisse er und dürfe er schon verraten, mit einer »Anti-Fontane-Ausstellung« ins Rennen um Gäste und Ticketverkäufe gehen. Fotografien von Marie Goslich, ganz tolle Sachen.

So viel unverhohlener Zweifel an den Plänen des touristischen Apparats überrumpelt mich, derlei kenne ich aus meinem Geburtsland Sachsen nicht. Gelähmt durch die Verwunderung bringe ich als Antwort nur ein schlichtes »Aha?« heraus. Der Mann versteht diese Antwort richtig, nämlich als Aufforderung, doch bitte fortzufahren.

»Ich verstehe dieses Tourismusmarketing nicht, bei dem jetzt das Zeitlose der Region betont wird. Das kann doch kein Konzept sein, diese Behäbigkeit, die es hier gibt, einfach nur anders zu nennen. Das ist doch keine Idee für die Zukunft!«

Der Mann kommt so langsam auf gute Temperaturen, wie gerne bliebe ich noch eine Weile, aber der Frank, also der Wolfgang hat den Reisebusmotor schon wieder loshusten lassen. Weiter geht's.

Und doch nicht. Mittagshalt, immer noch Wustrau, Café Constance. Es gibt eine sehr ordentliche Kartoffelsuppe mit sehr knackigen Würstchen, es gibt von allem reichlich und noch mehr Zeit. Ich büxe ein zweites Mal aus und spaziere zur Wustrauer Mühle. Die, hatte eine Dame berichtet, sei eigentlich nicht mehr in Betrieb, ab und an aber werde der Holzofen noch angeworfen und gebe es frischen Kuchen. Als ich die Mühle erreiche, kommt gerade ein Blech Rhabarber-Streusel aus dem Feuer. Bernd, der Bäcker, reicht ein Stück, ich esse es am Kanal neben der Mühle, mit Blick auf ein verfallendes, zur Mühle zugehöriges Haus. Davor liegt unter einer wetterverzerrten und wettergeplagten Plane ein kleines Ruderboot, es heißt, weiß auf blauem Grund: Sisyphos. Und Sisyphos scheint längst aufgegeben zu haben, aber schon ein paar Blickwinkel weiter links wartet Erbauliches: Die gewaltige Linde vor der Mühle, sie ist ein Gedicht, nein, ein Roman von einem Baum.

Nach meinem wiederholten Ausbüxen scheint es mir angebracht, der Gruppendynamik im Bus etwas mehr Aufmerksamkeit zu widmen. Ich bin einem nicht geringen Teil des beigen Blocks offenbar suspekt, weil ich fortwährend Notizen mache und das nicht einmal auf meinem Handy, sondern mit Stift und Zetteln. Derart doppelt verdächtig, veranlasse ich eine Ältere zu dem etwas plumpen Versuch, Genaueres in Erfahrung zu bringen:

*Frau:* Na, wird das Heftchen voll?
*Ich, grundlos fröhlich:* Das wird es, gewiss! Leider – oder besser: zum Glück.
*Frau:* Na, noch sind Sie ja nicht ganz am Ende.
*Ich:* Ach, wann ist man das schon mal?

Die Frau schaut indigniert. Der Grund dafür allerdings muss überhaupt nicht in meiner zweifellos rhetorischen Frage liegen, er könnte sich auch ein paar Stockwerke darüber befinden, am Himmel, von wo die Sonne so erbarmungslos feuert, dass allen langsam, wie sagt man: der Keks weich wird.

Das Geniale an Günter Rieger besteht nun darin, auf Sonne und Müdigkeit und sonst wie fortschreitende Erschöpfung nicht mit einer Drosselung seines Programms zu reagieren. Nein, Rieger greift jetzt lieber noch höher ins Regal und wirft mitten im allgemeinen Suppenkoma mit Sätzen wie dem folgenden um sich:

»Wenn etwas durchdrungen ist von Erkenntnis und von sprachlicher Kultur, dann bleibt es auf alle Zeit große Literatur, dann bleibt es: zeitlos. So ist es bei Fontane.«

Wir fahren wieder Bus, der Blutzucker fährt Achterbahn. Das Suppenkoma nach dem Mittag verbündet sich wirkungsvoll mit der Hitze, dem Schaukeln des Busses und den kleinen Bonmot-Bömbchen, die Rieger weiter auf uns abwirft. Das Ergebnis ist eine sachte Trance, in der die Reisegruppe alle möglichen Orte passiert. Das im Takt des Sekundenschlafs blinzelnde Auge erkennt im Vorbeifahren Wiesenaue und Mühlenberge. Zu wirklichem Halt kommt der Bus in Karwe, wo Fontane blaues Blut besuchte, und in Marquardt, wo er Geheimbündischen nachspürte. Ich verabrede mich in beiden Orten leichtfertig für die Zukunft. Klar, unbedingt bald mal wieder hier, wie wär's übernächste Woche? Dann wieder in den Bus, schaukeln, dösen. Die Ortsschilder wechseln, die Trance kehrt zurück, auf einmal geht es schon Richtung Abend. Da hört der Bus zu husten auf: Schloss Ribbeck liegt vor uns.

50 Jahre lang war dieses Schloss ein Altenheim, bis nach dem Jahrtausendwechsel auch hier der Tourismus sich sein Recht nahm und zwar umfassend. Ribbeck ist ein typisches brandenburgisches Straßendorf mit einem Ruhepuls von etwa 320 Einwohnern. Dieser Puls schwillt, gerade im Sommer, regelmäßig an: Kulturveranstaltungen, Hochzeiten, das volle Programm.

Was es sonst noch zu wissen gilt, erzählt uns eine Frau, die sich mit dem schönen Namen Romana nicht nur vorstellt, sondern diesen direkt kommentiert: »… hat meine Mutter sich Mühe gegeben.« So schnell und zügig ginge es in den Vorstellungsrunden übrigens nicht zur Sache, wenn sich alle historisch mit diesem Schloss verbundenen Adligen aus dem Himmel, ihren Gräbern oder wo sonst noch her zu einem Familientreffen aufmachen würden.

»Bei manchen«, sagt Romana, »bei manchen ist schon der Name alleine eine Kurzgeschichte«.

Sie führt uns daraufhin durch die Anlage, in das Kaminzimmer und den Blauen Salon. Schließlich durchstreifen wir das Foyer, in dem das Restaurant mit einem nicht nur sprachlich zweifelhaften Pauschalangebot um weitere Kunden wirbt:

»All you can spargel.« *What would Fonti say?*

Fragen können wir Fontane leider nicht, was er von solchen Sätzen hält. Und fragen können wir heute auch nicht Herrn von Ribbeck neben Schloss Ribbeck im Havelland, einen wahrhaftigen Nachfahren des im Gedicht Genannten, der noch immer zugegen ist, nur eben leider nicht heute. Herr von Ribbeck neben Ribbeck im Havelland ist gerade nicht da. Sonst ist er es schon, allerdings nicht mehr als Schlossherr, mehr als Betrachter in zweiter Reihe und das hat doch auch Sinn. Wer ein schönes Gebäude bewohnt, kommt ja viel seltener in den Genuss, diese Schönheit zu betrachten, als jemand, der direkt daneben dauerhaft Quartier bezogen hat. Und Herr von Ribbeck steht nach wie vor in gutem Kontakt zum Schloss. Wenn das Birnenfest ansteht, immer am Sonntag vor dem Tag der Deutschen Einheit, kaufen sie im Schloss 500 Kilo Birnen zu und Herr von Ribbeck leiht eine alte Presse, damit zusammengedrückt werden kann, was zusammengedrückt gehört.

Vom Gartentore des Herrn von Ribbeck neben Ribbeck im Havelland geht es im Entenmarsch hinter Romana weiter in den »Deutschen Birnengarten«, ein freiluftmuseales föderalistisches Gartenbauolympia und irgendwie auch: ein Ehrenhain. Fast alle Bundesländer haben hier unterschiedliche Birnen gepflanzt, es sind Superstars dabei wie die Williams-Christ-Birne und solche Sorten, die klingen wie junge Frauen, die in den Büchern französischer Romanciers dramatisch gestorben sind: die Frühe von Trevoux, Madame Verté, die Gute Luise von Avranches.

Der Garten ist eine Attraktion für sich und nebenan, im Café am Alten Waschhaus, wird zwar nicht gespargelt, wohl aber geschnäpselt. Im Angebot: »Der absolute Birner«. Das gilt übertragen gewiss auch für das Schloss als Ganzes, es ist ein surrender Magnet geworden, wie es ihn sonst in kaum einem brandenburgischen Straßendorf gibt. Wie viel von dieser Attraktivität geht auf Fontane zurück und seinen Herrn von Ribbeck auf Ribbeck? Klare Antwort: eher mehr als weniger. Aber das hat Fontane ja schon geahnt, wenn man ganz genau hinliest: »So spendet Segen noch immer die Hand / Des von Ribbeck auf Ribbeck im Havelland.«

Gegen einen Schnaps hätte unsere Reisegruppe unter Garantie jetzt nichts einzuwenden, aber Franks, also Wolfgangs Busmotor hustet ein letztes Mal auf, die Heimfahrt steht an. Es liegt in der Natur von Rundreisen, dass sie dort enden, wo sie auch begannen, und so holpern wir los, aus dem sanften Schaukeln ist im Bus so etwas wie Seegang geworden und Günter Rieger weiß natürlich, warum:

»Das können Sie noch hundert Mal asphaltieren und betonieren. Luch arbeitet. Das bleibt so eine Hoppelstrecke und wenn Sie mich fragen: Ich find's nicht schlecht!«

Die Busreisegruppe nickt akklamierend, das kann Zustimmung sein oder auch nur erschöpfte Nackenmuskulatur in Tateinheit mit Bus auf Luch. Rieger jedenfalls scheint die unruhige Fahrt nach einem langen, heißen Tag noch einmal zu aktivieren. Die Reisegruppe ist der seligen Ohnmacht nahe, Rieger aber greift beherzt zum Busmikro, als wir gerade in Richtung Königshorster Wiesen rütteln. Schon Fontane sah hier »platte, unabsehbare Grasflächen«, aber wo das Auge auch jetzt noch zur Rast kommen könnte, nehmen die Ohren einmal mehr die Stimme Günter Riegers in Empfang.

»Und nun: noch ein Gedicht. *Havelland*.«

Was folgt, ist nur bedingt eine Rezitation, es ist vor allem *Fontaneboarding*, gesetzliche Grauzone. Rieger setzt an, noch einmal Maienlust und Sehnsucht, Nymphäen, Schwäne und blinkende Segel. Noch einmal brodelt der Sumpf, über welchem – es sei gedankt – der Frühling bald einen blumengezierten Riesenteppich ausbreitet. Noch einmal Tausendschönchen, gelbe Ranunkel, Zittergräser, noch einmal hell und dunkel und »mitteninne (wie das lacht!) des roten Ampfers leuchtende Pracht.«

Das Gedicht ist aus, das Rütteln noch stärker geworden, es zerteilt Günter Riegers Sätze in einzelne Wortmeldungen:

»Vor … uns … liegt … Königshorst.«

Doch da ist keine Andacht mehr in mir, da ist totale Erschöpfung. Und da ist die Frage, wie es eigentlich nach dieser Wallfahrt weitergehen soll.

Als wir Neuruppin erreichen, sehe ich, wie Rieger das Mikro schon wieder zur Hand nimmt. Ich hoffe vorauseilend, dass er für das Ende dieser Reise eher etwas aus der Kategorie Sinnspruch vorbereitet hat als aus dem Band mit den Balladen. Tatsächlich aber will Rieger nur noch einen Hinweis loswerden: In zwei Wochen könne, wer möge, an der nächsten Rundfahrt teilnehmen, diese sei dann gänzlich Effi Briest gewidmet. Mein rechtes Augenlid beginnt unkontrolliert zu zucken.

Mo. Wurstgulasch,
Di. Paprikaschote,
Mi. Gyros,
Do. Möhreneintopf,
Fr. Dicke Rippe

Seit einer Stunde lunger ich nun hier herum, am Postplatz in Fehrbellin. Es ist kurz vor vier, der Nachmittag verbrennt, ereignislos und zäh. Woher ich gekommen bin, dahin kann ich heute nicht mehr zurück – zu weit. Wohin ich will, das weiß ich nicht. Für einen Moment bleibt nicht mehr als die Hoffnung, dass ein Anfang überall lauern kann, und sei es, gegen jede Erwartung, an einer Bushaltestelle im Nirgendwo.

Das heißt, so ganz richtiges Nirgendwo ist Fehrbellin ja auch nicht. Hier wurden die Schweden geschlachtet, hier liegt der »Grund zu der Selbständigkeit und Größe unserer Monarchie«, der Grund für den Aufstieg Preußens. So bilanzierte Fontane. Nur, das ist ja auch schon wieder lange her, die Schlacht von Fehrbellin, 1675. Und was ist jetzt?

Hinter mir liegt ein herrlicher Wandertag, der noch dazu mit einem Lächeln begann. Am Morgen, in der Schinkelstraße in Neuruppin, flog eine dieser gewaltigen Haustüren auf. In dem ansonsten dunklen Gang dahinter blitzte etwas und das Blitzen materialisierte sich zu einem makellos glänzenden Elektroscooter. Darauf zu erkennen war ein bemerkenswert heiterer Mann, ein

Rentner in sommerbeigen Bundfalten. Er grüßte freundlich, dann surrte er an mir vorbei. In seinem Körbchen schepperten leere Moët-Flaschen, als er – ohne zu Blinken – in die nächste Straße abbog.

Später, zwischen Treskow und Wustrau, stellte sich diese eigentümliche Ruhe ein, die allein das Wandern in moderater Natur zu schenken vermag. Zur einen Seite stand Weizen blassgelb in servilen Heermillionen, allzeit bereit, geerntet und für die Endverbraucher unter den Menschen versemmelt zu werden. Ein Ährenhain. Zur anderen Seite pikste Mais zaghaft aus dem Boden. Ein kleiner, fast zärtlicher Wind durchwob die weite Flur. In Langen schließlich, nahe der Dorfkirche, erreichte eine Frau gerade feierabendfröhlich ihr Fahrrad. Auf dessen Gepäckträger knäuelte Frottee und mehr braucht kein Mensch für eine sonnige Stunde Afterwork am See.

So viel alltäglicher Reichtum liegt hinter mir, als ich Fehrbellin erreiche und Unzufriedenheit zu wuchern beginnt. Ich bin ja nicht allein zum Sommervergnügen hier, nicht nur für Champagner oder Seen. Ich will, wie gesagt, Heimat spüren, Menschen finden, ein bisschen auch mich selbst, weil ich mich eh ständig suche und warum nicht auch hier.

Mit mir am Postplatz stehen ein junges Paar sowie ein gemeinsamer Freund der beiden.

»Du Knallbirne, wir ham dit Fahrrad stehn lassen«, sagt der Mann zu seiner Freundin. Sie spurt eilfertig und zieht los, das Fahrrad holen.

»Jib ma'n Knatterbalken«, sagt der Mann zu seinem Freund. Beide rauchen.

Vielleicht ist es eine Ahnung, die mich zu ihnen hinübergehen lässt. Guten Tag, darf ich kurz stören?

»Na denn mach ma«, sagt der Mann.

Ich erzähle ihm von meinem Vorhaben, ein Buch zu schreiben, von Fontanes Vermessungen der Heimat und von meinen Wanderungen. Ich lobe so wahrheitsgemäß wie aus strategischen Gründen die schöne Landschaft und schließe mit einer Frage: Lässt sich hier, im Nordwesten Brandenburgs, noch etwas anderes erleben als Weizen und Mais und Wind? Der Mann überlegt kurz, er zählt einiges Mittelinteressante auf, dann überlegt er erneut.

»Eigentlich«, sagt er mit heurekanischem Glanz in den Augen, »eigentlich musst du Schniepa treffen.«

Vom Postplatz bis zum Gewerbegebiet sind es nur drei Haltestellen, Linie 756. Von dem Mann, der sich Schniepa nennt, wird noch sehr viel und doch zu wenig die Rede sein. Für den Moment muss genügen, dass er hier, an der Autobahn 24, einen Trucker-Imbiss betreibt. Dass er nach unserem kurzen Telefonat nicht viel mehr von mir weiß als meinen Namen und ich von ihm noch weniger. Ich habe ihm gesagt, dass er mir empfohlen worden sei, von Passanten, und dass diese gesagt hätten, er, Schniepa, verstehe das Leben in Fehrbellin zu füllen wie kein Zweiter.

Ich fahre also zu ihm hin, sage hallo Schniepa und komme mir gleich ein bisschen komisch vor. Weil er das Du so erbarmungslos einfordert wie ein Bankräuber die Herausgabe allen Bargelds. Und weil ich ja nicht mal hallo Jürgen sagen kann oder hallo Rolf. Stattdessen: Schniepa. Was für ein Name. Was für ein Typ?

Schniepa ist ein kurz gewachsener Mann, 57 Jahre alt, und was er an Haaren nicht auf dem Kopf hat, das muss er an Fusseln im Mund mit sich herumtragen. Er redet und redet und redet und wenn er kurz einmal nicht redet, dann grinst er, durchaus: gewinnend. Ich will noch sagen, dass ich hier bin, um ein bisschen mehr über das Leben in der Region zu erfahren und auch … – da unterbricht mich Schniepa das erste Mal.

»Na, dann steigste ma ein und kommste ma mit!«

Schon sitzen wir in seinem Caddy und brausen davon, mit eineinhalbfacher Richtgeschwindigkeit.

Es sind keine fünf Minuten vergangen, da hat Schniepa bereits über die Deutsche Rentenversicherung geschimpft, von einer italienischen Freundin erzählt und die erstaunlich schwankenden Einkaufspreise für Paprika in den Supermärkten Fehrbellins erörtert. Drei Themen pro Minute, das ist so ungefähr der Schnitt. So geht es in einem fort und als wir gerade einen kleinen Flugplatz passieren, schieße ich in einer Art Notwehr und ohne jeden Zusammenhang einen Satz zwischen zwei seiner Silben, um wenigstens etwas mal gesagt zu haben: »ICH WAR NOCH NIE IN MEINEM LEBEN FALLSCHIRMSPRINGEN!«

Schniepa biegt seinen Kopf zu mir herüber. Der Satz scheint ihn jetzt mehr zu interessieren als die Tatsache, dass bald auch die Straße eine Biegung machen wird, gleich da vorne, das sollte man im Blick behalten. Längst wieder begriffsstutzig, krümme ich wie E. T. einen Finger Richtung Kurve, mein Mund steht offen. Es vergehen noch zwei, drei Wimpernschläge, dann bremst Schniepa endlich. Durchatmen? Natürlich nicht.

Er wendet den Wagen, zieht bald mit einem Ruck nach rechts, noch zwei, drei Kurven, dann parken wir am Flugplatz. Steigste ma aus, kommste ma mit.

Wir gehen zu einer kleinen Baracke, das heißt, er schnurt dorthin, ich tapere hinterher. Wie vermutlich immer, wenn Schniepa einen Raum betritt, verändert sich auch hier sofort die gefühlte Temperatur.

*Schniepa, singend:* »Schö-nen Ju-ten, jemand da-ha?«
*Frau am Empfang, skeptisch:* »Hallo, ja?«
*Schniepa, auf mich zeigend:* »Er hier is so'n Lebens-künstler, so'n Schriftsteller und …«
*Ich:* »Na ja, eigentlich bin ich nur …«
*Schniepa:* »…ja, und er hat jesagt, er will wat erleben, könn wa am Wochenende bei euch springen?«
*Ich:* »Also, dass ich springen will, hab ich ja gar nicht …«
*Frau:* »Ihr könnt in einer halben Stunde, wenn ihr wollt.«
*Ich:* »Bitte was?«
*Schniepa:* »Supi, sag mal, is Chefchen da?«
*Ich:* »Du, Schniepa, ich …«
*Frau:* »Ja, warte mal kurz.«
*Schniepa, nun wieder zu mir, grinsend:* »Hast doch jesagt, du willst wat erleben, oder?«
*Ich:* »Ja, schon, nur …«
*Schniepa:* »Is doch prima, oder?«

Ein paar Minuten später kommt ein anämischer Mann herangeschlurft und gibt die Hand, sie fühlt sich an, als wäre sie eingeschlafen. Er heiße Yogi und komme aus Schweden, sagt der Mann, aber eigentlich sei der Himmel sein Zuhause. Yogi hat ein Formular dabei, in dem – so vermute ich – im Wesentlichen so etwas steht wie: Kommste mit, steigste aus'm Flugzeug, stirbste? Haste Pech gehabt. Wenn ich bitte dort und da unterschreiben möge und dann noch einmal auf der Rückseite?

Yogi sagt, er sei in seinem Leben bereits 6500 Mal aus einem Flugzeug gesprungen. Ich sage, ich käme auf nicht ganz so viele Sprünge, sondern auf ziemlich genau 6500 weniger. Yogi versucht ein Lächeln, es scheint ihn zu schmerzen. Überhaupt ist mir nie zuvor ein so kränklicher Schwede begegnet. Yogi hustet viel, immer wieder hält er sich die Wange. Als die Bedienung des kleinen Cafés ihm einen Teller Bolognese bringt, schaut er ihn lange an, dann nimmt er einen ersten, kleinen Bissen und scheint ganz außer sich deswegen.

*Ich:* »So gut?«
*Yogi:* »Mein erstes Essen seit zwei Tagen. Es ist wunderbar!«
*Ich, erstaunt:* »Oh, seit zwei Tagen?«
*Yogi:* »Ja. Zahn-OP. Weisheitszähne. Tut noch ganz schön weh.«
*Ich:* »Klar, logisch. Aber gibt ja gute Schmerzmittel, was?«
*Yogi, lächelnd und doch ernst:* »Schmerzmittel sind gefährlicher als Fallschirmspringen, glaub mir das, mein Freund.«

In unserer Nähe sitzt, das fällt mir jetzt erst auf, ein weiterer Mann. Er hat seit Minuten keinen Ton von sich gegeben, nun schaut er mit gekniffenen Augen in den Himmel und sagt:

»Ich weiß auch nicht, heut ist irgendwie ein komischer Tag.«

Yogi mahnt zum Aufbruch, er wolle noch ein paar Trockenübungen machen und mir das erklären, was er in seinem kauderwelschen Schwedendeutsch einen »Brummsfallschirm« nennt.

Ich nutze den Weg für einen letzten Einspruch. Komischer Tag heute, Yogi, was, da hatte der Mann schon recht, schau doch mal, die vielen Wolken und du brauchst doch auch mal Feierabend, oder? Yogi lächelt schon wieder, nein nein, alles in Ordnung, das sei eben das Leben, das er gewählt habe, das Leben eines Fallschirmspringers:

»I jump when they tell me to jump. Sometimes good, sometimes bad.«

Wie genau ich mir einen schlechten Fallschirmsprung vorzustellen habe, wüsste ich natürlich auch gerne, aber da sind wir schon in einem Hangar, Yogi besorgt mir einen Overall und legt Geschirr an mich an. Noch ein paar Instruktionen, dann geht es weiter, nun in einer kleinen Gruppe Richtung Flugzeug. In mir ist da schon wieder eine neue Frage: Warum tragen die anderen hier einen Helm, ich hingegen eine Art Narrenkappe aus Textil?

Jetzt irgendwie auch egal, alle rein ins Flugzeug, Yogi und ich rutschen durch auf den Platz gleich neben dem

Piloten, den irgendjemand über seine fragile Fracht informiert haben muss. Der Pilot wirft den Propeller an, dann dreht er sich zu mir um und sagt: »And now: the Fontane-Jump!«

Ach stimmt ja, Theo, Mensch, ganz vergessen. 4000 Höhenmeter Aufstieg habe ich nun Zeit, noch einmal über alles nachzudenken, mich an alles zu erinnern. Daran, dass ich auf der Suche nach Ruhe und Heimat und nach Fontanes Geist in der Gegenwart hierhergereist war. Dass ich vor gut zwei Stunden noch am Postplatz an der Bushaltestelle stand und mich beklagte, außer Feldern und ein paar Rentnern auf Fahrrädern gebe es hier ja wohl herzlich wenig zu erleben. Dass ich nun also in einem Flugzeug sitze. Mit einem kränklichen Schweden und einem Mann, der sich Schniepa nennt.

Sollte es genau so sein, das Leben? Ist es zu viel davon? Oder das falsche? Noch einmal schließe ich die Augen. Jetzt gilt es. Springen – oder abbrechen, in letzter Sekunde. Steigste aus? Kommste mit?

—–

Vor fünf Minuten habe ich mein Leben abgegeben, es liegt jetzt nicht mehr in meiner Hand. Seit fünf Minuten liegt es in den Händen von Yogi. Dass wiederum sein Leben ein klein wenig auch in meiner Hand liegt, macht es nicht besser. Noch sitzen wir im Flugzeug. Noch geht es aufwärts.

Ich schaue rüber zu Schniepa. Er sucht gerade das Gespräch mit der jungen Frau neben sich. Das heißt, eigentlich sucht sie das Gespräch mit ihm, nein, eigentlich findet sie dieses Gespräch eher zufällig, versehentlich. Die junge Frau kommt aus Australien. Sie ist schon so oft aus dem Himmel gesprungen, dass sie nicht mehr jeden Flug mit der kleinen Kamera an ihrem Helm aufnimmt. Sie ist schon so oft gesprungen, dass eine kleine Aufstiegslangeweile sie zu befallen scheint.

Andere Leute warten auf den Bus, sie darauf, dass die Luke aufgeht. Und weil das Warten hier im Flugzeug noch eintöniger sein kann als am Boden, zeigt die junge Frau jetzt auf das Skorpion-Tattoo am Hals von Schniepa und auch auf den Skorpion-Ohrstecker darüber.

*Australische Frau:* »What's that?«

49

*Schniepa:* »Dit is'n Skorpion, mein Sternzeichen, verstehste?«

*Australische Frau:* »Störn-Seichen?«

*Schniepa:* »Ja-ha, Mädchen, Sterne, kennste? Dit sind die leuchtenden Dinger da oben im Himmel.«

*Australische Frau:* »Störne?«

*Schniepa:* »Jenau die.«

*Bislang unbeteiligter Mann, aus einem anderen Winkel des Flugzeugs hereinrufend:* »Wat'n dit für'n Typ?«

*Schniepa:* »Ick? Ick bin Schniepa!«


Jenau, wat'n dit für'n Typ, und was mache ich noch mal hier? Als Kind war mir immer gesagt worden, bloß nicht zu Fremden ins Auto zu steigen. Ist das jetzt besser, als Erwachsener mit einem Fremden gleich ins Flugzeug zu klettern? Noch geht es aufwärts.

Und solange es aufwärts geht, nestelt Yogi an allen möglichen Gurten herum. Die Gurte straffen sich, an den Schultern, an den Schenkeln, und sie straffen sich auch dort, wo straffe Gurte besonders weh tun können. Es klickt, zwei Mal, drei Mal, dann klopft Yogi mir auf die Schulter und schreit an gegen den Lärm der Maschine und hinein in mein Ohr:

»Now, we are fully connected!«

Yogi zeigt mir den Top-Daumen, ich gebe ihm einen Top-Daumen zurück, aber das ist gestisch gelogen. Wir fliegen über Neuruppin. Der Schulplatz ist gut zu erkennen, auch die Kulturkirche. Jetzt dort sitzen, ein Eis essen. Ach. In mir emulgiert ein eigenartiges Gemisch aus Vorfreude und Angst. Ich muss gähnen, immer wieder und unheimlich stark muss ich gähnen. Warum nur muss ich gähnen? Vermutlich der Blutzucker. Vermutlich das Snickers.

Kurz vor dem Abflug war ich noch einmal zu Yogi gegangen und hatte ihm zwei Fragen gestellt. Fragen, die einem durchaus in den Sinn kommen können und die man besser stellen sollte, bevor man sein Leben an das eines kränklichen schwedischen Fallschirmspringers gurtet. Erstens: Was, Yogi, ist das Wichtigste bei deiner Profession, was dürfen wir auf keinen Fall vergessen? Zweitens: Du weißt, was du gleich zu tun hast. Gibt es etwas, das ICH tun könnte?

Die erste Frage hatte Yogi mit diesem leierkastigen Stadtführer-Humor beantwortet, für den ich sonst recht empfänglich bin. Er hatte gesagt: Immer auf die Höhe achten und vor allem: einen Fallschirm dabeihaben. »And that's it«. Die zweite Frage hatte ich wiederholen müssen, dann hatte Yogi mich aus kleinen müden Augen angesehen und mit dem Zaunpfahl gewunken:

»You know, usually adrenalin consumes sugar.«

Ich war also losgegangen, zu der Baracke mit dem Café, hallo, ein Snickers bitte, danke. Ich hatte keinen Hunger, aber den Riegel bald verschlungen, in eiligen Bissen. Und jetzt trotzdem: Gähnen.

War ein Riegel zu wenig gewesen? Quatsch. Ich hätte ein ganzes Zuckersilo auslöffeln können und würde jetzt trotzdem gähnen. Nichts hilft für diesen Moment vor dem Moment.

Der Moment vor dem Moment ist der, in dem ich mit Yogi im Sitzhuckepack die leicht abschüssige Ladefläche entlangrobbe bis zur Luke. Der Moment vor dem Moment ist der, in dem sich alle Sinneseindrücke auflösen. An dessen Ende nur noch eines bleibt: weißes Rauschen.

Ich sitze in der Tür, auf der Kante, das Gemisch aus Angst und Vorfreude sublimiert zu etwas Metallischem, einem kalten Bewusstsein für die eigene Pfadabhängigkeit. Hinfahren, umziehen, trockenüben, Snickers essen, zusteigen, festzurren, runterrobben – springen! Springen?

Man springt ja nicht mal. Fallschirmfallen, so müsste es heißen. Warum ich mir solche Gedanken mache? Vielleicht, weil ich an einer seltenen Form der Nahtoderfahrungs-Alzheimer leide. Es ist nämlich nicht so, dass hier oben mein ganzes Leben noch einmal an mir vorbeizöge. Wie gerne wäre ich noch einmal zu Gast in meiner Kindheit! Wie gerne hielt ich noch einmal Marthas Hand. Kokeln bei Flori, Abifahrt, Aspirin zermörsern und dann kiffen am Gardasee. Dieser wunderbare Herbst in diesem riesigen Haus auf dieser einsamen Insel, einer Schäre, Svartsö hieß die.

Wo war ich? Pfadabhängigkeit, genau. Gleich werde ich springen, also: fallen, das ist längst klar. Ich mag es ja, nicht aufzufallen, keine Umstände zu machen, vielleicht ist das etwas genuin Ostdeutsches. Nicht aufzufallen, das heißt hier oben leider: Erst die Arme über Kreuz vor die Brust legen, dann die Unterschenkel weit unter das Flugzeug schieben. Dann warten. Atmen. Dann auf das doppelte Schulterklopfen achten und danach rudern, mit den Armen, so frei wie der Wind, ein Vogel, der Tod.

Ich will wirklich nicht auffallen und jetzt hier abzubrechen, das wäre großes Drama und also nicht: meine Art. Ich will wirklich nicht auffallen, also falle ich. Und was auf diesen Fall folgt, während er selbst andauert, was mit einem passiert während dieser ersten zwei oder zweihundert Sekunden, was passiert, wenn man den fliegenden Tritt dieses Flugzeugs über die Luke verlässt, wenn man zum Pfeil wird, zu einem Geschoss mit Überschall innerorts im Wolkenkuckucksheim, dieses ganze schreckliche Wunder, es ist einfach wirklich und leider: kaum zu beschreiben.

Aber wenn man trotzdem davon erzählen müsste, dann ungefähr so: Erst sitzt du noch, weißt du, und dann zischst du mit Teufelsbeschleunigung, du stürzt, es knallt, es rauscht, du donnerst, wolkenweiße Kissenbetten, du wirst Projektil, nein, du wirst Rakete, aber nach unten. Du willst brüllen, kannst aber nicht, es bleibt ein Brüllenwollen, weil sich alles umdreht, auch die Luft, du willst ausatmen, aber der Fall ersäuft dich in Luft, als würde jemand dir den Lauf eines Föhns in den Mund rammen. In deinen Ohren ist Großalarm, Knacken, ein Fallstich, du bist taub, dann wieder nicht, alles wie auf Watte. Und erst jetzt, wenn es weh tut, in den Ohren, im Mund, wenn du alle Sinne verlierst, erst dann kannst du es spüren: Freiheit. Frieden. Freude.


Du bist ausgeliefert, scheiße, ja, aber das heißt auch: Du kannst eh nichts machen. Eh-nichts-machen-Können ist kein schlechtes Gefühl, es befreit dich, du kommst zu dir, weil du dich verlierst. Und alles, was gerade noch da war, alle Umwelt, alles Tagtägliche, alles Vertraute, alles, was Brandenburg war und Fontane und »wehmütig-unnennbare Stille«, alles das ist fort und keine Ahnung wohin, in Luft aufgelöst hat es sich jedenfalls nicht, weil da bist du ja schon und immer noch und außer dir ist da nur ein außergewöhnliches, ein bislang ungekanntes Gefühl und nicht zuletzt für solche Gefühlsneuheiten sind wir doch da und bleiben hier, auf der Erde und manchmal eben ein bisschen darüber. Oder?

Noch geht es abwärts. Auf 1500 Metern zieht Yogi an einer Schnur. Der Fallschirm kickt – und mit ihm dieser wirklich plötzliche Ruck ins gefühlte Oben, ein Manöver, das ich bislang nur in Filmen gesehen und für eine geschickte Illusion kluger Kameraschwenks gehalten hatte.

Auf den Fall also folgt der Kick, und jetzt? Jetzt ist mir schwindelig. Nach dem Schirm könnte jetzt gleich die Ohnmacht kicken, wohin sonst sollte ein Körper flüchten, der ahnungslos vom Rausch in die Entspannung hastet? Immer noch ziemlich dünne Luft hier oben und davon irgendwie zu wenig. Das macht mich nervös und wenn ich nervös bin, dann werde ich albern. Atütata, haha.

Yogi meldet sich zurück zum Dienst, ob er wohl unterwegs kurz geschlafen hat? Jetzt jedenfalls ist er sehr wach, er haut mir jürgen-höller-übertrieben auf die Arme und ruft:

»Welcome to my office!«

In Yogis Stimme liegt einmal mehr die Routine eines uraltgedienten Stadtführers, aber Yogis Stadt ist der Himmel und deswegen: schon okay.

Aus der Sanftmut wird etwas noch viel Größeres, als wir mit erhöhter Restgeschwindigkeit ins Gras schlittern und zurück zum Hangar laufen. Die Müdigkeit ist aus Yogis Augen verschwunden, er sagt, so ein Sprung sei »like Ecstasy of Motion. It's like Heroin – and I need my dose«.

Schniepa wiederum ist schon wieder auf einer Art körpereigenem Ecstasy, er wird noch von Gurten befreit und aus dem Overall gewickelt, da zettelt er schon wieder eine Diskussion mit einem bislang unbeteiligten Dritten an. Es geht, warum nicht, mal wieder um das Deutsche Rentensystem und über die Entgeltpunkte müsse man ja wissen, dass …

Schniepa verstummt, er verstummt nicht wirklich, aber ich höre ihn nicht mehr. Alles um mich herum verblasst, verklingt, entfernt sich. Erfüllt werde ich von dem, was Yogi »Euphoria« nannte, eine euphorische Ruhe. Ich bin randvoll mit Adrenalin, aber nichts davon übersetzt sich in Handlungsimpulse, in Gesprächsbedarf oder auch nur Jubeltourette. In mir ist stattdessen Kontemplation, in mir ist: totale Bedürfnislosigkeit. Und damit eine noch grenzenlosere Freiheit, als ich sie über den Wolken gefunden hatte.

Lange bleibt einem diese Freiheit nicht, das ist ja klar. Mir geht sie verloren, als Yogi mir einen USB-Stick und eine Urkunde in die Hand drückt. Urkunden habe ich schon immer traurig gefunden. Urkunden sind etwas für unsportliche Menschen, die sich nach einer knappen Stunde Firmenlauf als »Finisher« feiern lassen. Jetzt bekomme ich also eine Urkunde dafür, dass ich vom Himmel gefallen bin. Yogi drückt sie mir in die Hand und er schaut ernst dabei, denn es fehlt der offenbar obligatorische Gutschein für ein Glas Sekt, den es sonst dazu gibt. Noch schöner als ein solcher Gutschein aber ist, wie Yogi das Fehlen dieses Gutscheins kommentiert. Er schaut ernst und fast besorgt sagt er dann:

»Usually there is a voucher for a glass of bubble.«

Den USB-Stick stecke ich am Abend in den Laptop, als ich mein Zimmer bei Schniepa bezogen habe. Yogi hat den Sprung gefilmt. Ich drücke auf Pause und betrachte eine Weile, wie ich da in der Luft liege. Die Augen ausgehöhlt, die Pupillen des Wahnsinns. Die Lippen: spröde. Der Mund: so angstgeweitet wie einst der von Kevin McCallister. Vor diesem Mund flimmern Reflexionen des Lichts, kleine schlierig bunte Kreise. Ich schicke dieses Standbild einer Freundin, und was sie antwortet, beschreibt ganz gut den Tag, der nun hinter mir liegt: »Mensch, du siehst aus, als würdest du Sonne kotzen.«

— —

*Schniepa's Truck-Center Fehrbellin* ist ein Funktionsort, ein Kulinarium des kleinen Mannes und der muss mitunter ziemlich früh aufstehen. Als ich um 5 Uhr zerknittert wie ein Fallschirm aus meinem Gästezimmer schlurfe, liegt längst leichter Küchenfettgeruch in der Luft und auch eine routinierte Betriebsamkeit. In diesen frühen Stunden des Morgens läuft das Truck-Center im Grundlastbetrieb. Der erste Gast des Tages wird als »Matzi« begrüßt und Matzi krischt 'nen Kaffe. So mag Matzi seinen Kaffee: schwarz, mit Zucker und kurzem e am Ende.

Matzi krischt also 'nen Kaffe, dann setzt er sich und ein Gähnen übermannt ihn. Es ist das ehrliche Mussja-Gähnen, in dem der ganze Handwerkerfleiß dieses Landes liegt und dieses Gähnen unterscheidet sich sehr von jenem, das man aus Büros kennt, wenn nach dem ausgedehnten zweiten Freitagsfrühstück die Kollegen den Leerdammer wegräumen und sich fragen, wie die Zeit bis zum Mittag denn wohl am besten rumzubekommen sei.

Nach Matzi kommt ein Menschenbär herein, ein Rackergaul im Blaumann. Auch er krischt 'nen Kaffe und dann betrachtet er eingängig die Auslage am Tresen. Sein Blick in die Brötchenvitrine ist der eines Jägers, der gerade die Flinte anlegt. Zwei Schüsse, zwei Treffer, zwei erlegte Brötchenhälften mit Mett und Zwiebel.

Noch besser als über die Brötchenvitrine erschließt sich das Truck-Center als Ort über eine kleine Kreidetafel vor der Tür. Auf dieser Kreidetafel steht die Wochenkarte und sie steht dort natürlich nicht geschrieben in dieser Sättigungsbeilagenprosa, mit der Restaurants manchmal versuchen, ihre mageren Tellergerichte zu veredeln. Hier gibt es kein Fenchelrisotto an Blumenkohlschaum. Hier gibt es »Mo. Wurstgulasch, Di. Paprikaschote, Mi. Gyros, Do. Möhreneintopf, Fr. Dicke Rippe«.

Das Hausessen kostet seine Kunden immer fünf Euro, die Marge muss Schniepa über den Einkauf machen. Diesen Einkauf möchte ich heute begleiten, auch wenn das bedeutet, schon kurz nach Sonnenaufgang ins Dauerfeuer von Schniepas Sprücheschleuder zu geraten. Guten Morgen, Schniepa, na, schon wach? Er: »Ja klar, das Böse schläft nie.«

Er setzt sich auf seinen Stammplatz in der Ecke des Raucherraums. Von dort hat er diesen komplett im Blick und er hat gegenüber auch das aufhängen lassen, was er »meinen Stasi-Spiegel« nennt. Über den Spiegel sieht Schniepa, was hinter seinem Rücken im Gastraum passiert, wer hereinkommt und so weiter. Das hat den Vorteil, dass er den Leuten manchmal schon einen Spruch drücken kann, bevor sie merken, dass er überhaupt da ist.

Es ist immer noch vor 5.30 Uhr und wir sprechen, bei Kippen und Kaffe: über Sex. Wie genau es dazu gekommen ist, habe ich in der Sekunde des Augenblicks selbst schon wieder vergessen, und natürlich besteht auch dieses Gespräch darin, dass Schniepa spricht und ich zuhöre. Was genau Schniepa sagt, habe ich – zum Glück – in der Sekunde nach dem Augenblick auch wieder vergessen, ich weiß aber noch, dass es ein Spruch der Sorte war, nach dem man so ein verzerrtes Mischgesicht macht. Ein Gesicht, das ein gewisses dreckiges Gelächter über das gerade Gehörte nicht gänzlich zu verbergen mag – das aber gleichzeitig versucht, sich über ein paar pflichtgemäße Furchen und Verfinsterungen ordnungsgemäß zu distanzieren.

Schniepa mahnt zum Aufbruch, der Großmarkt ist unser Ziel. Vor der Tür seines Truck-Centers steht heute nicht der Hundefänger, sondern ein schwarzer Toyota Hilux.

*Ich:* »Sag mal, Schniepa, wie viele Autos hast du eigentlich?«
*Schniepa:* »Na, sieben!«
*Ich:* »Wieso sieben?«
*Schniepa:* »Na, die Woche hat sieben Tage, für jeden Tag eins, dit is wie mit Frauen.«

Das kalte und klare Licht des Morgens leuchtet auch solche fahleren Sprüche erbarmungslos aus, aber wo andere eine irrlichternde Pointe eine Weile aus dem Gleichgewicht bringt, ballert Schniepa einfach weiter. Nach dem kleinen Kick der Aufregung, den Tag um 5 Uhr in einem Truck-Center zu beginnen, drückt die Müdigkeit mich jetzt tief in den Beifahrersitz. Schniepa hingegen ist tageszeitlos unter Spannung, sein Grinsen lässt keinerlei biorhythmische Schlüsse zu und auch dafür hat er natürlich eine überlebensgroße Erläuterung parat.

»Ick hab noch nie in meinem Leben 'n Wecker jestellt«, sagt Schniepa. »Ick programmier mich abends und denn klappt dit«.

Und wenn ihn doch mal etwas greift, Aufregung oder Müdigkeit, dann steuert er mit Musik gegen. Schniepa sagt:

»Kelly Family hör ick, wenn ick Power brauch, Rammstein zum Entspannen.«

Jetzt braucht er offenbar Power, es geht zügig über die A24 Richtung Selgros und wir singen beide sehr laut mit: *Sometimes, I wish I were an Angel.*

Am Vortag hatte es bei Schniepa gefüllte Paprikaschote gegeben, Umsatz: 130 Stück. Da macht es einen Unterschied, ob er die Schoten für 1,99 Euro das Kilo kauft oder für 3,49 Euro. Es macht einen Unterschied, ob er jetzt bei Selgros das Hack für 4,29 Euro das Kilo holt (macht er nicht) oder später in Fehrbellin für 2,99 Euro (macht er). Im Wagen ist bald trotzdem kein Platz mehr. Acht Kilo Partyschmalz, sechs Mal 875 Milliliter Mayo, und so geht es weiter. Die Gurken lässt Schniepa liegen, eine Griffprobe sagt ihm: zu labbrig. »Wenn de so wat anfässt, dit is wie meiner danach, verstehste?«, sagt er und beginnt zu wedeln, Gott sei Dank nur mit der Gurke. Dann greift er sich einen vorbeifliegenden Mitarbeiter.

*Schniepa:* »Meister, wo hast'n den Reis versteckt?«
*Mitarbeiter:* »Reis.«
*Schniepa:* »Die kleenen weißen Körner, verstehste?«

Am Ende leuchten 774,02 Euro auf der Kassenanzeige, wir schieben zwei übergepäckführende Einkaufswagen nach draußen und beladen den Hilux. Das könnte ein Tagwerk sein, aber der Tag, dieser Schniepa-Diba-Du-Tag, geht ja gerade erst los und es folgen vor Sonnenuntergang Stationen, die sich mit noch so viel Mühe auch in der Rückschau nicht zu einem kohärenten Tag zusammenpuzzlen lassen. Wahrscheinlich ist genau dieses energiereiche Nebeneinander aller möglichen und unmöglichen Dinge das, was einen Schniepa-Tag auszeichnet. So ein Tag ist wie eine Fahrt mit einer Straßenbahn, die nach immer zufälligem Prinzip an Stationen völlig unterschiedlicher Linien hält.

Nächste Station: Stadtzentrum Fehrbellin. Schniepa weist mich an, ein sehr schweres Aufsteller-Schild aus dem Hilux zu wuchten und als Reklame für den Durchgangsverkehr hier aufzurichten.

»Aber klemm dir die Finger nicht ein, sonst passiert so was hier«, sagt er und zeigt den unvollständigen Mittelfinger seiner rechten Hand.

*Ich:* »Krass. Echt?«
*Schniepa, grinsend:* »Neee, dit is nich so passiert.«

Pause.

*Schniepa:* »Dit war'n Wolf!«

Das glaube ich ihm jetzt natürlich auch wieder nicht und als ich am nächsten Tag nachfrage, sagt Schniepa lammfromm, er habe natürlich auch in diesem speziellen Fall nicht gelogen, einen Teil seines Fingers habe er tatsächlich und vor Jahren schon an einen Fleischwolf verloren.

Wir stoppen zum Kaffee bei einem Kfz-Meister, der Schniepa die ganze Zeit nur »Arschloch« nennt, das aber freundlich:

»Wenn ick Arschloch sage, is dit wie wenn ick Schniepa sagen würde«, versichert er.

Wir stoppen bei zwei Dönerverkäufern, die Schniepa noch etwas viel Schlimmeres nennen als Arschloch, nachdem er sie etwas genannt hat, das noch viel schlimmer als das viel Schlimmere gewesen war. Alle grinsen und umarmen einander. Wir stoppen in der Kakaostraße an einem Kakaowerk, der Duft von Kakaobutter weht zum Auto herein. Schniepa kennt hier genauso irgendwelche Leute wie in der Nähe an der Baustelle für eine Halle, in der mal Öl getrennt und Altfette recycelt werden sollen.

»Hier bau ick ooch mit«, sagt Schniepa und gibt ein paar Männern die Hand, die ihm gerade noch fremd gewesen zu sein schienen.

Offenbar gibt es hier, soziologisch betrachtet, eine Art schniepazentriertes Weltensystem, ein dynamisches Organigramm, dessen Bezüge und Querverbindungen sich ständig neu bilden um die stabil zentrierte Schniepasonne in seiner Mitte.

Diese Sonne geht als Nächstes auf im Betonwerk Fehrbellin, einem lauten metallischen Durcheinander, in dem es schwer nach Arbeitsunfall riecht. Schniepa marschiert strengen Schrittes ein und geht zu einer Gruppe ungarischer Hilfsarbeiter, aus deren Mitte einer wohl die Zeche geprellt hat in dem kleinen Gästehaus, das Schniepa neben seinem Truck-Center betreibt. Die Ungarn und er finden jetzt allerdings keine gemeinsame Sprache, da kann man nichts machen.

»Ich versteh dich nich, du verstehst mich nich, alles wunderbar«, sagt Schniepa, klappst einem der Arbeiter auf die Schulter und zeigt ihm den Top-Daumen.

Er bekommt einen Top-Daumen zurück, dann geht es weiter, nun wieder strammen Schrittes, in den Aufenthaltsraum der Tagesschicht. Dort sitzen nur Männer, alle grau, alle rauchend, einige fett, andere ausgemergelt. Die Männer essen belegte Graubrote aus Brotbüchsen und hüllen sich nicht nur in den dichten Nebel ihrer Rauchschwaden, sondern auch in griesgrämiges Malocher-Schweigen. Schniepa weiß auch dieses Schweigen zu brechen. Mit Schwung platzt er in die Müdigkeit des Raumes.

*Schniepa, singend:* »Hal-lö-chen Männer.«

Aufblicken, Schweigen. Schließlich:

*Arbeiter:* »Du kommst mit leeren Händen, wat soll'n dat?«
*Schniepa:* »Aber mit 'nem vollen Sack!«

Er packt sich an den Schniepel.

*Schniepa:* »Wir sehn uns, Männer.«

*Arbeiter:* »Wird sich nich vermeiden lassen.«
*Schniepa:* »Na, ick bin ja nich blind.«

Wir stoppen an einem Holzhandel, fahren zu Netto, dann wieder ins Truck-Center. Durchpusten. Das dauert bei Schniepa eine halbe Zigarettenlänge. Ich versuche, das gefühlte halbe Jahr zu rekapitulieren, das ich heute schon gelebt habe, da steht Schniepa schon wieder auf und ruft mir im Gehen zu:

»Ick hab jetzt Büro und du erst mal Pause.«

Pause is jut. Vielleicht sogar Feierabend? Ich schaue auf die Uhr. Es ist 10.25 Uhr.

--

Was ist das Gegenteil von Instagram? Ungefähr jedes deutsche Gewerbegebiet. Ich habe Gewerbegebiete immer gemocht. Schon als Jugendliche sind wir manchmal mit den Fahrrädern in ein Gewerbegebiet im Süden Dresdens gefahren, um dann dort, na ja: weiter Fahrrad zu fahren. Später habe ich in Gewerbegebieten Europa gefunden und Europa verstanden. Man kann sich tausend Parlamentarier-Grußworte anhören, in denen von »unseren europäischen Nachbarn und Freunden« die Rede ist und von Reisefreiheit und das ist ja auch alles richtig. Für mich ist Europa auch, wenn in Fehrbellin der Fahrer eines tschechischen Schüttguttransportunternehmens seinen Laster ins Gewerbegebiet lenkt und dann mit einem fast zeitgleich eintreffenden niederländischen Trucker streitet, wer den Platz näher an Schniepas Schnitzelbude bekommt.

Überhaupt diese Laster, überhaupt diese Gewerke. Vielleicht übertreibe ich es als Handwerksnull etwas mit meiner Hochachtung, aber was ich hier im Gewerbegebiet auf Schildern und Lastern so lese, beeindruckt mich mehr als ein Großteil dieses Berufsbezeichnungsbullshits, den man auf den Profilseiten irgendwelcher Consultants und ehemaliger Staatssekretäre in sogenannten Karrierenetzwerken wie Xing lesen kann. An den echten Kreuzungen hier, solchen aus Asphalt, steht stattdessen versammelt: *Laute Pumpwerksbau. Melkstandsysteme DeLaval. Reifen Helm, Containerdienst Holzhausen, Baumaschinist Bienert.*

Für mich sind solche Namen pure Wirtschaftswunderpoesie. Ich sehe das so wie Sigmar Gabriel: völlig richtige Idee, ab und an mal dahin zu gehen, wo es laut ist, wo es brodelt, wo es manchmal riecht, gelegentlich auch stinkt. Und wenn man dann dort steht und ein gewaltig glänzendes Ungetüm der Firma Volvo vorbeischnaubt und auf einer blitzeblanken Außenfläche, auf der selbst das Gesundheitsamt mit Schwarzlicht nichts finden würde, steht: »Mein Sport ist Transport«, dann, ja, dann möchte ich in einem kleinen hysterischen Moment gerne anfeuern und applaudieren als wäre das hier eine oder sogar die: Friedensfahrt.

Noch ehrfürchtiger empfinde ich manchmal, wenn ich Teile der orangen Flotte sehe, ohne die auf den Autobahnen des Landes bald aber mal gar nichts mehr los wäre. Wenn Ärzte als Götter in Weiß bezeichnet werden, dann ist das nie zu 100 Prozent spöttisch gemeint, da ist immer auch ein bisschen Anerkennung dabei, warum auch nicht. Nur, wann hätte es mal ein ehrliches Shoutout an den Straßenunterhaltungsdienst gegeben?

Das Gewerbegebiet Fehrbellin ist eine Documenta der Dienstleister. Besonders gefallen mir darin jene Ausstellungsobjekte, bei denen das Regionale sich ganz selbstverständlich und ohne Scheu mit dem Internationalen verbindet: »Fluckinger Transport – Performance without borders«.

Tradition und Herkunft gehen nicht nur bei Fluckinger Hand in Hand mit der europäischen Idee und das, liebe Nachbarn und Freunde, finde ich selbst dann noch großartig, wenn diese Hände einmal nicht gewaschen sind, sondern schmutzig, im ehrlichen, im Sinne handwerklicher Arbeit.

Mein neuer, ja, was: Bekannter? Freund? Chef? – Schniepa jedenfalls will, dass wir uns jetzt auch die Hände schmutzig machen. Er habe mich für ein Spezialprojekt vorgesehen, hatte er am Morgen gesagt und inzwischen bin ich ja gewarnt, was also könnte das sein? Im Grunde alles. Vielleicht soll ich gleich nach Rumänien fahren, um dort für einen guten Freund ein paar Kilo Frittenfett abzuholen. Vielleicht braucht er jemanden, der für ein paar Stunden auf dem Dach des Trucker-Imbiss die Antenne hält, damit der Fernsehempfang in der Rushhour stabil bleibt. Oder wandert hier irgendwo im Gewerbegebiet schon ein Elefant herum, den ich in die bezaubernde Kunst der Jonglage einführen soll?

Als Schniepa mich an die Hand nimmt und nach draußen zerrt, vor seinen Imbiss, bin ich fast ein bisschen enttäuscht. Ein Blechcontainer steht dort, noch ohne Tür. Das soll sich ändern und das ist das Spezialprojekt. Na gut.

Ich sage Schniepa über meine handwerklichen Fähigkeiten das, wovon Olaf Schubert einmal gesagt hat, das wiederum seine Freunde es mal über ihn gesagt hätten: Wenn du mit anpackst, ist's schlimmer, als wenn zwei loslassen. Aber Schniepa ist als Person ja schon Marke Eigenbau und schon sind wir also auf den Knien und rutschen über das Fundament und fischeln Schräublein und Muttern durch Löcher in verzinktem Blech.

Selbst jetzt, da idealerweise ein Moment der Konzentration erreicht werden sollte, ist Schniepa ständig für alles auf Empfang und auf Sendung ist er ja sowieso immer. Ein dicker Trucker kommt des Weges, Schniepa ruft ihm von unten zu: »Na, mein zweitbester Freund«, und der dicke Trucker antwortet fast gelangweilt: »Na, mein drittbester Freund«. In dem Moment bekommt Schniepa einen Anruf, wieder dieser Typ, der seit dem Morgen versucht, ihn zu erreichen. Die kurze Stille nach dem Abnehmen zerbricht sofort, weil Schniepa komplett übertrieben ins Telefon schreit: ICK KANN GRAD NICH, ICK BAU'N CONTAINER! Dann hält er die Sprechmuschel seines Telefons noch näher an diesen Container, er haut mit einem Schraubenzieher auf dessen Blech herum – und legt auf.

Wo waren wir liegen geblieben? Ach richtig, die Löcher und die Schräublein und die Muttern. Es ist eine elende Friemelei, aber irgendwann passt alles ohne zu wackeln und könnten die Türen eingehängt werden, wären die Scharniere nicht noch blitzeblank und trocken.

*Schniepa:* »So, jetzt hol ick noch'n bisschen Butter.«
*Ich:* »Butter. Du holst Butter.«
*Schniepa:* »Ja, wat soll ick sonst nehm, soll ick mir offe Hand wi …«
*Ich:* »…jajaja, ist gut. Butter ist gut.«

Schniepa rennt davon und kommt zurück mit einem Flutschfinger, ein Batzen Bratenfett schliert auf der

Kuppe seines Zeigefingers. Er schmiert die Scharniere ein, gemeinsam wuchten wir die Türen heran und hängen sie ein, er von außen, ich von innen und als auch die zweite Tür sitzt, folgt ein Plauzdonner-Geräusch und es wird tiefste Nacht. Schniepa hat die Gunst der Arbeitsstunde genutzt und mich in den Container eingesperrt. Darin stehe ich nun. Es ist heiß, es stinkt mehr als dass es nur riechen würde, es ist so dunkel wie es dunkel nur sein kann. Müsste da jetzt nicht Angst in mir aufkommen, Zorn wenigstens? Stattdessen: ein freundliches Stockholm-Syndrom. Ist ja klar, dass er sich die Chance nicht entgehen lassen konnte. Ist doch witzig von ihm. Lange wird's schon nicht dauern.

Und dauert es ja wirklich nicht. So schnell wie es Nacht wurde, wird es auch wieder Tag, wir müssen weiter. Schniepa hat sich beim Containerbauen ein paar Schlitze in die Finger geritzt, wir fahren schon und nicht gerade langsam, als er beherzt ein altes Wischtuch aus dem Fußraum der Beifahrerseite greift. Damit streift er sich die Finger ab, denn die brauchen wir jetzt wieder, in seiner Lagerhalle. Aus einer Tiefkühltruhe wuchten wir ein 40 Kilo schweres Wildschwein, das ein gewisser Stevie bestellt hat. Stevie will gleich noch anrufen, es wäre der achte Anruf in Abwesenheit in den vergangenen 45 Minuten.

Telefonieren geht nämlich nicht, denn wir müssen weiter, immer weiter, also wuchten wir das gefrorene Schwein in den Rückraum des Caddys, der Schweiß von der Arbeit am Container steht uns noch überall. Schniepa kurbelt beim Weiterfahren also das Fenster herunter, links, rechts, hupen und Vorsicht, Gegenverkehr.

Hektik hechelt überall, es ist fortwährender Strom, aber dann macht Schniepa mal wieder eine seiner plötzlichen Pausen, das sind seine Fallen und man fällt jedes Mal herein und fühlt sich dann so, als sei man der einzige Trottel auf dieser Welt, bei dem selbst der alte Nach-unten-guck-Trick mit dem Finger und dem Kinn noch funktionieren würde.

Wir halten also an. Der Fahrtwind, der gerade noch durch das gekurbelte Fenster blies, verweht. Alles an dieser Situation spricht für eine überraschende Einkehr, für eine Minute der Andacht. Schniepa fängt an zu sprechen, leise, schüchtern fast:

»Siehste, und dit is das Problem. Jetzt haste jeschwitzt, jetzt kommt der Wind, nachher haste'n steifen Nacken.«

Kurze Pause. Und weiter:

»Ick hab das ja mit meinem Schwanz ooch ma probiert. Hab ihn nass jemacht, ausm Fenster jehalten, aber is nüscht passiert. Jut, die Leute ham jelacht, aber sonst … «

Erschöpfung, Erleichterung, die Hitze – keine Ahnung, warum, aber ich muss selbst darüber natürlich jetzt trotzdem wieder lachen und tappe dabei schon in die nächste Falle, als ich denke, na gut, das wird es jetzt an Geplapper für heute so langsam gewesen sein. Auch diesen Zahn zieht Schniepa, das heißt, der Zahn wurde schon gezogen und er liegt jetzt in der Mittelkonsole von Schniepas Caddy.

Schniepa sieht, dass ich den Zahn sehe, deswegen plappert er einfach weiter und erzählt, es handele sich bei diesem um seinen letzten Weisheitszahn. Als er ihn noch im Mund hatte, begann es irgendwann wehzutun.

Schniepa ging zum Zahnarzt, er setzte sich auf den Stuhl und dann fragte er den Arzt angeblich irgendwann: »Ey, sag mal, was dauert'n das hier so lange?«. Und dann, erzählt Schniepa, habe er sich den Zahn einfach selbst gezogen. Der Arzt habe, etwas perplex, den Zahn dann in den Müll geworfen und Schniepa habe ihn dort dann wieder herausgekramt und dem Arzt gesagt: »Weißte, du kannst mit deinen Zähnen machen, was de willst, aber dit is mein Zahn, den nehm ick mit.«

Jetzt huckelt der Zahn also in der Mittelkonsole bei jeder Unebenheit im Boden und ich würde in diesem Auto vermutlich keine Fußmatte und keinen Eiskratzer finden, zu dem es nicht auch irgendeine Geschichte gibt. Das kann manchmal ein bisschen anstrengend sein. Aber nur Schweigen wäre noch anstrengender. Dann lieber so einen außergewöhnlichen Kapitän wie hier bei Schniepa und eine Performance without borders, wie man sie selbst bei *Fluckinger Transporte* noch nicht gesehen haben wird.

—–

Am letzten Tag bei Schniepa ist noch mal einiges los, nur der Nachmittag ist etwas ruhiger. Am Nachmittag nämlich fahren wir erst in Schniepas Garten, dort steht ein komplett gekacheltes Schlacht- und Backhaus und darin nehmen wir mit einer Art Kinderkettensäge ein komplettes Schwein auseinander. Dieses hier ist zum Glück nicht tiefgefroren. Danach: Händewaschen. »Halt mal!«, sagt Schniepa, also halte ich mal und zwar einen Plastikbeutel voller Geld in, so scheint's, gebügelten Scheinen.

»Wir fahrn ma zur Bank«, sagt Schniepa, das ist beruhigend, weil: keine Selbstverständlichkeit.

Selbstverständlichkeit ist ein langes und umständliches und sperriges Wort, es kommt mir in den Tagen mit Schniepa häufiger in den Sinn, weil für ihn Dinge sehr selbstverständlich sind, die für andere nicht nur nicht selbstverständlich sind, sondern das komplette Gegenteil.

Für Schniepa ist es selbstverständlich, dass selbst auf kurzen Fahrten der komplette Gegenverkehr hupt und mit dem Fernlicht zwinkert, als wollte Schniepa sich mit ihm die Spur teilen. Das macht er ja aber gar nicht, die Leute hupen, weil er sie kennt und sie ihn kennen. Und

»die Leute«, das sind in seinem Fall, das habe ich nachgezählt: alle.

In den Radios des Landes wird jetzt häufiger über ein System zur automatischen Nummernschilderkennung debattiert. In Fehrbellin gibt es so ein System schon länger, es heißt SCHNIEPA. Auf der Strecke zwischen Schlachthaus und Bank kommt uns ein Wagen mit dem amtlichen Kennzeichen OPR-UK und so weiter entgegen. Der Wagen hupt, Schniepa hupt zurück, »die Ursel Kaiser war dit«, sagt er und ich sage »aha«, was denn sonst. Als Nächstes hupt ein OPR-FF uns an, wir hupen zurück, mit schönen Grüßen an die Fensterbaufirma F.

Schniepas Grußformelwerk folgt ganz offensichtlich einem System. Es gibt Hupen und Handzeichen, auch wechselnde Kombinationen aus beidem. Bei besonderen Begegnungen schaltet er den kleinen Bordcomputer zu, der ergänzend zu Hand und Hupe verschiedene Sirenen ausspielt. Früher, in den Christvespern der Kirche meiner Kindheit, war immer klar: Irgendwann schaltet der Kantor den Zimbelstern der Orgel zu und dann glitzerklingt es so festlich, dass auch den dümmeren Kindern klar wird: Weihnachten naht. Schniepas System ist auch nach intensivem Studium über einen einzigen Zusammenhang hinaus kaum zu verstehen, nämlich den, dass er bei Begegnungen mit Frauen akustisch etwas freigiebiger zu sein scheint als bei solchen mit Männern.

Was er wiederum mit seinem Mund so alles an und über Frauen formuliert, das notiere ich besser nur lückenhaft. Manches ist auf eine Weise zu körperlich, die man dem feinen Papier in seinem Block lieber ersparen möchte. Anderes ist in seinem Kern von großer Sehnsucht und Zugewandtheit, rutscht aber im erbarmungslosen Medium des Transkripts ins Missverständliche. Drittes wiederum ist zu dreist und zu drastisch, um es je wieder vergessen zu können.

Einmal, erzählt Schniepa, habe er aus einer Laune heraus bei einem Catering mit einer älteren Frau verbal angebandelt. Sie schäkerten und kicherten, aber irgendwann sagte Frau T.: »Ich bin doch viel zu alt für Sie!« Schniepa umgarnte sie weiter, »na aber, Frau T., 'n Porsche bleibt 'n Porsche!«. Frau T. kicherte und dann sagte sie Schniepa zufolge einen Satz, den man sich besser isoliert und mehrfach vergegenwärtigen sollte, weil er erst dann sein ganzes Aroma entfaltet wie ein sachgemäß dekantierter und karaffierter Wein. Die Dame also, die ein Porsche gewesen und geblieben war, sagte angeblich den Satz:

»Also, Herr Schniepa, bei Ihnen werd ich zum Ferrari!«

Herr Schniepa und ich sitzen noch immer in einem Hundefänger der Marke Volkswagen. Der Wagen zerrt über schnurgerade Landstraßen, auf meine Frage, wohin es denn gehe, antwortet Schniepa mit einem wortlosen Grinsen. Ich denke an die Kinderkettensäge, das Schwein, den Plastikbeutel mit dem Geld. Ich spüre, dass jeder Magnetismus zu allem gewöhnlich Normalen in mir schwindet, dass ich alles Geschehen jetzt nicht mehr nervös daran messe, wie sehr es abweicht von dem, was sonst Alltag ist. Schniepa könnte jetzt sagen, wir fahren nach Holland, um dort ein Schaf zu batiken, er könnte sagen, wir fahren ins JWD, um dort mit den Tieren des Waldes ein Baumhaus zu bauen. Er könnte sonst wohin fahren wollen, ich würde mich darauf einlassen. Da ist kein Stress mehr, da ist keine Angst, für Neugier bin ich allerdings auch zu erschöpft. Brandenburg, das ist für mich in diesem Augenblick *the land of the exhausted free.* Schönes Gefühl eigentlich – und zehn Mal besser als jetzt erwerbsarbeitsknülle in irgendeinem Bus nach Hause gegondelt zu werden.

Wo also fahren wir hin? Ist doch eigentlich egal.

Die Landstraße leert sich, die Hupe verstummt. Da ist nur noch dieses verheißungsvolle Überlandgeräusch von Sommerreifen auf grobporigem Asphalt. Selbst Schniepa scheint in Andacht zu versinken und der Grund dafür ist 36 Meter hoch und zählt 114 Stufen.

Die Siegessäule Hakenberg erinnert an jene Schlacht gegen die Schweden, von der eingangs die Rede war, in der Kurfürst Friedrich Wilhelm diese Schweden schlug und Preußen zu Größe führte. Fast 350 Jahre liegt diese Schlacht zurück und wer könnte ernsthaft seine Gegenwart in einen logischen und zeitlichen Bezug dazu setzen? Jahreszahlen irritieren mich oft und wenn ich mir jetzt vorstelle, wie hier am selben Ort und an selber Stelle mal der Kurfürst umhermarschiert ist, dann bleibt das ein Traumbild. Was für eine kuriose Vorstellung das immer ist, wenn man berühmten Boden betritt: Wer wann vor einem auch schon alles da war. Wer berührt hat, was man selbst gerade berührt.

Nach dem Kurfürsten war der Dichter da, Fontane kam ohne Waffen. Als es gegen die Schweden ging, ging es ums Leben. Als Fontane sich bückte, tat er das nicht, um einer Klinge auszuweichen, sondern um Blumen zu

75

pflücken. Als Soldat war man froh, nicht ermordet zu werden, bei Fontane war die Laune schon dahin, weil er nicht die richtigen Blümchen fand. Er bückte sich nach Schafgarbe, Winde und Glockenblume und das war dann aber auch schon »alles, wozu sich die Natur hier zusammenraffte.« Der Dichter gab auf, einen Strauß zu pflücken, er griff stattdessen ein paar Haferhalme und schrieb. »Auf der Fehrbelliner Flur / Gab es Blumen am Schlachttag nur. Märkische Rosse gewannen die Schlacht, haben das Feld berühmt gemacht. Und dies Feld, es zahlt mit Glück / Alte Schulden in Hafer zurück.«

Die Siegessäule Hakenberg zahlt mit etwas ganz anderem zurück, nämlich mit einer wunderbaren Aussicht. Nach dem Kurfürsten und Fontane schaut nun Schniepa übers Land. Wir schnauben erst noch von den vielen Stufen, wie Autos, die im Sommer nachventilieren, wenn man sie längst abgestellt hat. Aber dann stellt sich eine eigentümliche, eine wunderbare Ruhe ein, dramatisch aufgeladen nur von sich dräuenden und türmenden Wolken in der Flucht aller Blicke. Eine Suppe aus gewaltigen Grautönen droht im Gegenlicht der Sonne. Es ist ganz still, für eine Minute vielleicht, und es ist eine Stille, die ich Schniepa fast nicht zugetraut hätte.

Nach ein paar Sehnsuchtsblicken mehr findet Schniepa wieder zu leiser Sprache. Er zeigt in einige Richtungen, da ist sein Truck-Center, dort Neuruppin. Er zeigt und zeigt, er sagt: Es ist so schön hier oben, oder? Ja, wirklich schön. Andacht macht arglos und so werde ich erst auf der Rückfahrt den Witz verstehen, mit dem Schniepa jetzt sich selbst und alles Umfeld wieder unter Betriebsspannung setzt.

»Ach, es ist schön hier«, sagt Schniepa noch einmal, dann zeigt er auf das einzige Auto, nämlich seines, dass da im Miniatur-Unten parkt. Er zeigt auf dieses Auto und sagt glaubhaft überrascht: »Oh, Scheiße, Schniepa is ooch da«.

# Reisestreiflicht I

# Freie Körperkultur

In Brandenburg kombinieren sich im seligen Jahr 2018 drei Gebietsparameter auf bestmögliche Weise. Da gibt es, erstens und wie immer, sehr viele Seen. Da ist, zweitens und ebenfalls wie immer, die dünne Siedlungsstruktur. Und da gibt es, drittens und so kraftvoll lange nicht gesehen, einen wahrhaftigen Jahrhundertsommer. Die Tage sind warm bis sehr warm und sie sind so verlässlich schön, dass ich irgendwann früh aufwache und gar nicht mehr rausschauen muss an den Himmel, um zu wissen: wieder blau. Wieder wolkenlos. Wieder wunderbar.

Das erste Mal erleichtern mir die drei Parameter das Leben in Neuruppin. In meiner behelfsmäßigen Unterkunft gibt es viel Platz und allen möglichen Krempel. Es fehlt aber, das muss ich bei aller Begeisterung eingestehen, an ein paar für eine Wohnstatt nicht unwesentlichen Dingen. Es fehlt zum Beispiel: an einer Dusche. Also schlappe ich morgens oder abends in meinen Adiletten zum See und gehe schwimmen. Was könnte schöner sein? Die Menschheit hat in den vergangenen Jahrhunderten eigentümliche Dinge erfunden, um die Basisaktivität Körperreinigung zu erleichtern. Bade-

zuber und Reiseduschen, Infinity Pools und Massage-
duschköpfe.

Der Goldstandard unter den Sommererfrischungen
ist über all diese Erfindungen hinweg der Sprung in den
See geblieben. Dass es dafür wirklich absolut gar nichts
braucht, ist nicht nur von Vorteil, es ist wesentlich für
eine kleine Faszination. Es braucht keinen Wasser-
anschluss, keine Fernwärme, keinen Höhenunterschied
für ein paar bescheidene Einheiten Wasserdruck. Nein,
wer beim Sommerwandern an einem See vorbeikommt,
der denkt vielleicht noch kurz: Och, eigentlich könnte
man hier jetzt so schön baden. Der denkt dann vielleicht
noch: Hm, wieso könnte, eigentlich kann ich doch. Und
der ist spätestens dann aber im Wasser und kurz darauf in der Mitte, um den Kopf zu drehen und nichts
zu sehen als sattgrün säumende Bäume und die pure
Sommerbläue am Himmel.

Die dünne Siedlungsstruktur erlaubt dieses Vergnügen
selbst jenen, die beim Loslaufen am Morgen zwar an
Sonnencreme, Energieriegel, Ladekabel und den dicken
Pulli gedacht haben, den sie dann garantiert wieder nicht
brauchen werden. Die aber nicht gedacht haben an: eine
Badehose. Es gibt genügend einsame Seen, noch mehr
kleine Lagunen und Buchten, und es wäre eine fahrlässige
Verschwendung solcher Gelegenheiten, sie allein einer
nicht vorhandenen Hose wegen verstreichen zu lassen.

Eine ausgewachsene Ärgerlichkeit unter den vielen
Klischees des Westens über den Osten besteht in einer
kruden Behauptung: Wenn den Ossis auch sonst absolut
nichts heilig sei, auf ihren FKK-Kult schwören sie. »Ihr

macht doch da drüben alle FKK « – wie oft habe ich mir das wirklich schon anhören müssen. Nicht selten klang es so, als würden »wir« uns nicht nur an der Ostsee oder der Talsperre unseres Vertrauens die Lumpen vom Leib reißen. Sondern als würden wir selbst auf Arbeit die meiste Zeit nackt herumlaufen, das heißt, die wenigen von uns, die überhaupt einer Arbeit nachgingen.

Spontane Nacktheit im öffentlichen Raum gehört nicht zu meinen Neigungen. In diesem Sommer aber, auf Wanderschaft, verfliegt so manche zivilisatorische Scheu. Und wenn es nun mal warm ist, wenn es nun mal viele Seen gibt? Und wenn hier nun mal kaum einer ist und wenn doch, dann kennt er mich doch eh nicht?

Am Stechlin jedenfalls, an einem brüllenden Donnerstag, taucht nach einer Wegbiegung mal wieder so eine kleine Bucht auf. Ich denke, ich könnte doch, ich denke, wieso eigentlich könnte, und dann quirle ich auch schon durch das Wasser und hin zur Mitte des Sees. Hach. Herrlich.

Als ich nach ein paar Minuten eindrehe auf den Weg zurück, da sehe ich schon von Weitem, dass die eben noch einsame Bucht neuen Zulauf von Land erhalten hat. Eine ältere Frau steht urgewaltig am Wasser, sie steht da komplett entkleidet, das heißt: fast, denn auf ihrem Kopf trägt sie eine Badekappe, so eine ältliche, in gelblichem Weiß, sie sieht aus wie eine dieser Stoppermatten in Badewannen.

Im Grunde gibt es jetzt zwei Optionen. Eins: Ehrenrunden drehen, so lange, bis die Unbekannte im Wasser und die Bucht wieder verlassen ist. Zwei: wie geplant an Land schwimmen und keine große Sache draus machen.

Ich wähle die zweite Option und zweifle an meiner Wahl erst, als es schon zu spät ist und ich nur noch zwei, drei seriöse Züge von jenem Flachbereich nahe dem Ufer entfernt bin, in dem ich spätestens wieder vom Schwimmen in den aufrechten Gang amphibieren sollte.

Ich suche und finde also Tritt in mulchigem Sand, gehe weiter Richtung Ufer und schaue der Alten in die Augen wie auch sie mir in die Augen schaut. Was sagt man jetzt und wer zuerst?

Ich versuche, unverbindlich zu lächeln und weiterzugehen, oft ist es ja einfacher, in solchen Situationen zu reagieren, als selbst einen Anfang zu machen. Die Alte könnte jetzt Guten Tag sagen oder das Wetter kommentieren, sie könnte auch einfach zurücklächeln und ansonsten den Mund halten, wir behielten beide unseren Frieden.

Stattdessen schaut sie mich weiter an und sagt: »Und?«

Und? Welches und? Und, wie ist das Wasser so? Und, waren Sie schon mal hier? Und, was machen wir jetzt gegen den Klimawandel, wenn das so weitergeht? Und, was gibt's bei Ihnen heute Abend zu essen? Und, und, und.

Ich bin überfordert. Vermutlich sollte wenigstens ich jetzt besser den Mund halten. Aber die Alte schaut mich immer noch an, sie wartet sichtbar auf eine Antwort und ich komme diesem Wunsch irgendwie nach, aber mehr doch auch nicht, als ich ihr »und?« endlich erwidere, indem ich einfach sage: »Ja.«

Zu meiner Überraschung nickt sie verständig – und taucht ab.

# Adel berichtet

Am Morgen flitzt eine Nervosität durch den Kopf, eine kleine Angst: Scheiße, jetzt haben sie dich!

Ich erwache in meinem Basislager, einem Trödelladen in Neuruppin, auf einer Matratze inmitten von Gerümpel. Das Geschäft ist vor Jahren geschlossen worden, Insolvenz. Seine Besitzerin lässt mich ab und an ein paar Nächte hier schlafen, das ist nett von ihr. Und weil der Laden einen Rückraum hat, muss ich meinen Schlafsack glücklicherweise nicht im Schaufenster ausrollen. Trotzdem fühlt sich dieses Basislager an, als wäre ich ein gesuchter Schwerverbrecher oder sonst wie auf der Flucht. Alles hier ist provisorisch, alles ist unstet und damit garantiert nicht: altersadäquat. Vielleicht gar keine schlechte Idee, gerade heute einen Mann zu treffen, der für nichts mehr steht als für Solidität.

Dieser Mann lebt in Karwe und sein Name klingt so, als wäre er schon lange tot. Krafft Freiherr von dem Knesebeck ist nach der Wiedervereinigung an jenen Ort zurückgezogen, der seiner Familie einst gehörte. Bei Fontane nehmen die Knesebecks viele Seiten ein, mit Ahnenfolgen und einer Art vorzeitlichem *MTV Cribs*. Das ist diese Sendung, bei der reiche Prominente zeigen, wie sie so wohnen und welche übertriebene Technik sie in ihren Häusern so verbaut haben. Alfred von dem Knesebeck hatte keinen Heimkinosaal, aber jede Menge Ölgemälde. Vor der Tür stand kein Maserati, kein CL 500, aber ein prächtiger Kaleschwagen und für den galt damals genauso: haben nur die Wenigsten. In der klitternden Gnade des Präteritums ist gegen Adel ja sowieso nicht viel zu sagen, da hat er stets Sinn und nicht selten Aura. Aber heute, heute im Sinne von Zweitausendundachtzehn?

Auf das Treffen mit Knesebeck freue ich mich schon deswegen, weil ich in den Tagen bei Schniepa etwas verloren habe, nämlich die höfliche Form der Anrede. Käme mir heute auf dem Weg die Kanzlerin entgegen oder eine richtige Außerirdische, ich wüsste nicht, was ich sagen sollte, aber duzen würde ich sie auf jeden Fall. Das Praktische an Krafft Freiherr von dem Knesebeck ist da schon mal, dass er gar keinen Vornamen zu haben scheint. Alle, mit denen ich bislang über ihn gesprochen habe, nannten ihn nur »den Knesebeck«.

Vor meinem Basislager steht weder ein CL 500 noch ein Kaleschwagen. Karwe will erlaufen werden. Vor dem Laden aber befindet sich eine Baustelle. Sie ist an diesem Morgen bis zu meiner Tür vorgerückt, mit Baggern und Rüttelmaschinen, es ist fast kein Durchkommen. Vielleicht schon ein sanfter Hinweis des Verlags, endlich konzentriert mit dem Schreiben zu beginnen? Dafür trage ich heute viel zu viele Fragen mit mir herum und Knesebeck scheint zweifelsfrei mehr ein Mann mit Antworten zu sein als einer des Suchens.

Die Entscheidung, nach Karwe die etwas kürzere Nordpassage entlang des Ruppiner Sees zu nehmen, erweist sich schon nach dem ersten Kilometer als gefährlich. In der Lindenallee scheint eine Art Neuruppiner Grunewald herangewachsen zu sein, lauter ehrbare Adressen mit so streng gepflegten Häusern und Vorgärten, wie sie in Biografien vorkommen, die man als gelungen bezeichnet. Oft meine ich in der Akkuratesse solcher Anlagen nicht nur die Seligkeit des Ankommens zu sehen. Besitzschwere und Verlustangst, auch das strahlen diese Häuser aus und ohne beides ist großer materieller Wohlstand offenbar nur selten zu haben.

An diesem Morgen bleibt es nicht bei dem vagen Gefühl, denn wie aus dem Nichts wird mir eiskalt das Gesicht gekärchert. Die Schwenk-Kanone eines Sprenklers hat mit bestechender Präzision den Gehweg angesteuert und mich gefunden. Ein blöder Zufall, kann passieren, denke ich. Dann aber verfolgt mein Blick den prallen Zuführschlauch weiter und weiter zurück bis zur Hauswand und dort steht eine grimmige Flakhelferin, die Hand am Wasserhahn und also jederzeit in der Lage, den Angriff zu beenden. Sie beendet den Angriff nicht.

Das Schöne an diesem verrückten Sommer ist, dass ich in Wuthenow schon wieder trocken bin. Das Unschöne wiederum, dass in Karwe der Körper von innen einen ersten Konter fährt – Schweiß, weil: heiß. Daran habe ich mich inzwischen gewöhnt, heute aber ist es so, dass mir auf dem Hof von Knesebeck gleich eine Weltschönheit entgegeneilt und einer solchen begegnete ich doch lieber etwas geschniegelter. Die Weltschönheit heißt

Melusine, wie in Fontanes *Stechlin*, aber diese Melusine hier ist real und jetzt und im besten Alter. Sie ist allerdings auch: vergeben.

»Sinchen kommt überall mit hin«, sagt Knesebeck gleich nach dem Hallo.

Das klingt ganz schön gebieterisch, Sinchen aber scheint es nicht zu stören. Was auch daran liegen könnte, dass sie ein Labrador ist, wie gesagt: ein wunderschöner.

Mich hatte es überrascht, dass vor meinem Besuch ausnahmslos alle freundlich und wertschätzend von Knesebeck gesprochen hatten. Auf dem Papier, so kann man das sehen, ist Knesebeck ein Wessi, ein klassischer Glücksritter, der nach der Wende in den Osten gekommen ist, um einen halben Ort aufzukaufen. In der Realität, so sollte man es sehen, taugt er gerade nicht für Bitterkeit und nicht als Beleg für tradierte Wahrheiten, die so einfach sind, dass sie keine Wahrheiten sein können.

Das Wohnhaus von Knesebeck ist groß und hängt voller Gemälde, das schon. Aber es hängt auch allerhand Wäsche zum Trocknen unter dem Dach seines Flurs, es riecht nach *Vernel*, der Duftsignatur jedes An- und Abreisetages in FeWo-Deutschland. Knesebeck hat einen großen Teil des Anwesens der Familie in bestimmt lukrative Ferienwohnungen verwandelt, das auch. Aber er hat es mit eigener Hände Arbeit und mit nicht geringem finanziellem Risiko getan.

Adlig zu sein, sagt Knesebeck, verstehe er als Auftrag, im Leben mehr Verantwortung zu übernehmen als nur die für sich selbst. Deswegen maximiert er nicht nur den Betrieb seiner Ferienwohnungen, sondern schaut, dass er diese mit Arbeitern aus der Region unterhält. Und deswegen endet sein Blick nicht an der Grenze des eigenen Grundstücks, sondern weist darüber hinaus, über den gesamten Karwer Gutspark zum Beispiel, den sein Vorfahr Feldmarschall von dem Knesebeck einst angelegt hatte.

In diesem Gutspark blühen im Sommer Rohrkolben und Kalmus, Sumpfzypressen und Schilf. Vor allem blüht im Gutspark aber gerade das Durcheinander. Knesebeck will das ändern und hat mit Heimatverbündeten einen Parkverein gegründet. Die Angelegenheit ist zu groß für einen engagierten Samstag mit Spaten und Schubkarre, also steigen wir ins Auto, um in die Stadt zu fahren, zu einem Termin beim »Landesamt für Ländliche Entwicklung, Landwirtschaft und Flurneuordnung«. Wir, das sind Knesebeck und ich und Melusine, denn Sinchen kommt überall mit hin.

Die kleine Runde im Amt baut sofort Spannung in Sachfragen auf. Es geht um Ausschreibungsmodalitäten für Parkbänke, um irgendeine Untersteinverordnung, natürlich auch um einen Everblue der Neuzeit: Von wo und wie groß muss am Ende das Förderlogo der Europäischen Union grüßen? Sinchen versteht zügig, dass jetzt die Zeit für ein kleines Schläfchen gekommen ist. Ich sehe den Hund, sein letztes müdes Strecken vor dem Powernap – am liebsten legte ich mich gleich daneben. Heimatpflege ist anstrengend.

Manchmal aber kann sie auch saftig sein und kostet nur 36 Euro und 62 Cent. Nach dem Termin im Amt geht es zum Edeka, einkaufen für das Richtfest einer neuen Ferienwohnung am Nachmittag. An der Fleischtheke steht etwas unsicher ein junger Verkäufer und Krafft Bauherr von dem Knesebeck wird nun gleich die Gültigkeit seines Namensschildes prüfen, auf dem steht – »Es bedient Sie gern: Herr Bachstein«. Knesebeck fühlt sich dann aber anders bedient, als es Herrn Bachstein recht sein kann. Von diesem Fleisch habe er leider nur wenig heute, von jenen Würsten nur zwei, sagt Herr Bachstein mit brüchiger Stimme. Knesebeck schwenkt auf grobe Bratwürste und Nackensteaks um, wortkarg geht er zur Kasse und stützt sich auf das Kassenband. Seine Hand verdeckt nun den letzten Buchstaben der Beschriftung des Warentrenners: »Wir lieben Lebensmitte.«

»Der Herr Bachstein«, sage ich, als wir wieder im Wagen sitzen und dieses verbale Anstupsen genügt. Knesebeck hat früher selbst im Einzelhandel gearbeitet, als Geschäftsführer einer großen Kette. Und er hält nun einen kleinen, aber beschwingten Vortrag über die Servicementalität im Osten, über die nicht immer sympathische Vermarktungsscheu der Menschen hier.

»Mit ,Nein' und ,hab ich nicht' zu verkaufen, das funktioniert nicht so gut«, sagt Knesebeck. Heute sei so ein schöner Tag, traumhaftes Grillwetter, damit gehe es doch schon los:

»Wie kann es sein, dass so früh am Tag keine Ware mehr da ist?«

Es ist, von Schniepa einmal abgesehen, nicht gerade eine Kernkompetenz der Menschen hier, aktiv und offensiv etwas anzubieten, der schnellen Welt da draußen mit Selbstsicherheit und Überzeugung entgegenzutreten. Es gibt eine hinderliche Bescheidenheit im Osten, eine, die über ein gesundes Charaktermaß hinausgeht. Dabei kann aus Zutrauen zu sich selbst und aus Überzeugungstatendrang doch Gutes entstehen, gerade hier, selbst mitten im Wald.

Dort geht es jetzt hin, zum »Hunde Wald Hotel Karwe«, das ebenfalls zum kleinen Regionalimperium der Knesebecks gehört. Wir schwingen hinein und im Foyer steht, erste Überraschung, ein veritabler Empfangstresen.

»Wir wollten den Hotelcharakter beibehalten«, sagt Knesebeck.

Ich nicke etwas zu beifällig und zeige dann fragend auf den Schlüsselsetzkasten dahinter.

»Da werden dann die Nachrichten für die Gäste hinterlegt«, sagt Knesebeck und lacht.

Ein Scherz, na klar, aber die Wahrheit ist kaum weniger lustig: Impfpässe und Diätpläne der jeweiligen Gasthunde werden hier deponiert und dass bei so vielen Ansprüchen nichts durcheinandergerät, dafür sorgt Sabrina, die Chefin des Hundehotels.

Sabrina hat, woran es Herrn Bachstein noch fehlt, nämlich: den Laden im Griff. Seit 12 Jahren gibt es das Hotel, 1000 Übernachtungen pro Jahr, manche Hunde kommen nur tagsüber, andere gleich für fünf Wochen am Stück. Die Tiere werden mit frischem Essen versorgt, die Frauchen und Herrchen via WhatsApp und Facebook mit Bildern und kleinen Filmchen, deren Botschaft in aller Regel lautet: Alles gut, allen gefällt's. Denn, bei aller Liebe zum Tier, stellt Knesebeck klar:

»Der Kunde ist am Ende das Herrchen, der entscheidet, ob der Hund wiederkommt«. Und wenn das Herrchen es dabei nicht belassen möchte, gibt es eine ganze Reihe weiterer Möglichkeiten. »Hundefriseur, Hundetrainer, Hundefotograf, das sind so die Themen, die man dazubuchen kann«, sagt Sabrina.

Eigentlich ist Sabrina ein einziges Leuchten, wenn sie über ihre Arbeit spricht, über die Hunde, das Hotel. Gerade aber scheint sie ein doch sehr trauriges Telefonat zu führen: »Das tut mir so leid, Herr K. ... ja, genau ... machen Sie's gut, ja?« Dann legt sie auf.

*Sabrina:* »Paul ist gestorben.«
*Knesebeck:* »Mist. Schlimm.«

Der Parson Russell Terrier Paul war der Hund von Iris Berben, er wurde 18 Jahre alt. Leberschaden. Berben wiederum ist eine Kundin der ersten Stunde und noch immer eine der besten. Das Geschäft des Hotels basiert auf Mundpropaganda und wäre Iris Berben hier nicht Kundin, Andrea Sawatzki wäre es nie geworden.

*Knesebeck:* »Sag mal, wir müssen der Iris eine E-Mail schreiben, ja, Kondolenz.«
*Sabrina:* »Ja, das mache ich heute noch.«

Knesebeck versinkt in einer kleinen privaten Schweigeminute, dann schaut er in jeglicher Hinsicht nach vorn:
　»Mensch, die Iris wird sich wohl schnell einen neuen Hund kaufen.«
　Neige und Neubeginn lagen schon immer eng beieinander, in unserer Gegenwart sind sie sich so nah wie

nie. Immer soll es gleich weitergehen, das Leben, und manchmal ist das ja auch gut.

Den Neubeginn dieses Tages soll also ein Richtfest besorgen. Das ehemalige Wirtschaftsgebäude der ehemaligen Gärtnerei baut Knesebeck zu einer Ferienwohnung für fünf Personen um. Landüberall ist der Tourismus ja längst zum Nachnutzungsstandard des Spätkapitalismus geworden. Ob in ehemaligen Braunkohlerevieren oder eben hier, wo früher gegärtnert wurde, um auf dem Markt in Neuruppin etwas anbieten zu können. Sinn hat das schon: Wo früher gearbeitet wurde, wird sich heute erholt, weil die Arbeit woanders ist und oft auch anstrengend und entfremdend.

So ein Richtfest kommt da gerade recht, eine ehrliche Nummer. Schnell ist auf der Wiese neben dem Rohbau eine Biergarnitur aufgebaut und der Grill angeballert, mit freundlicher Hilfe der ganzen Feuerkraft einer Propangasflasche. Der Bauherr stellt eine Kiste Bier, Knesebeck's, wenn man so will. Bei der einen Kiste wird es natürlich nicht bleiben.

Gleich im ersten Durchgang zähle ich bei acht trinkenden Handwerksleuten vier verschiedene Methoden, ein Bier zu öffnen, ein hervorragender Wert und unbedingtes Indiz dafür, dass dies ein guter Nachmittag werden wird. Eine Grillzange kommt zum Einsatz, ein anderer Arbeiter ploppt die eine mit einer anderen Bierflasche, bestes B2B-Business. Ein Feuerzeug als Hebel darf nicht fehlen und ich reüssiere mit meiner Flasche an der Tischkante, weil ich es so gelernt habe und mehr noch, weil es verspricht, die freundliche Skepsis der Arbeiterrunde gegenüber dem Lauch mit dem Block ein wenig zu mindern.

Die nächsten Stunden: Fleisch, Bier, Zigaretten. Reihum wirft jeder mal ein Thema in die Runde oder eine Meinung. Und dann kommt zurück: »Dit is jut«. Oder eben: »Dit is nich jut.«

Ich erfahre, dass hier früher die freizeitliche Hölle losgewesen sei, mit Tanz am Sonntag und allem, was dazugehört. Gibt es nicht mehr. Is nich jut. Ich erfahre auch, dass der Zusammenhalt aus Ostzeiten noch immer gepflegt werde, leidlich zwar, aber wenn es mal Ärger gebe, dann redeten die Leute miteinander: »Auf dem Dorf regeln wir das ohne Schwerter«. Is jut. Ich erfahre nicht zuletzt von alten Kollegen wie einem legendären Zimmermann namens Peter, der seine Lehrlinge mehrfach am Tag aussandte, um neues Bier und neue Zigaretten zu holen und der das Dach unter keinen Umständen vor Feierabend verließ. »Der hat in den Zementsack geschissen und von der Brüstung gepinkelt, Wahnsinn«, sagt ein Veteran durchaus anerkennend. War überwiegend jut.

Bei allen Neubauten, bei aller Nachnutzung hat sich gerade im Osten doch auch ein Geist ausgebreitet, der nicht selten schlechte Laune macht. Der Geist, dass es früher schon irgendwie gut war, dass es jetzt gerade noch ziemlich gut ist, dass aber von der Zukunft nicht mehr viel Gutes zu erwarten sei. Knesebeck hat seit der Wende hier Ruinen auferstehen lassen, er beschäftigt neun tüchtige und verlässliche Menschen aus dem Dorf, so vieles ist geworden. Aber er sagt, diese ganze Arbeit,

»diese ganze Aktion hier, die hat doch nur Sinn, wenn die nächste Generation das weiterführt.« Am Tisch aber ist nur von Kindern zu hören, die jetzt dort und da leben und jedenfalls nicht hier. Was, wenn es das im engeren Sinne hier einmal gar nicht geben sollte: eine nächste Generation?

Nicht immer lassen solche Fragen dunkle Wolken aufziehen, doch aber Müdigkeit. Als Knesebeck bei der Marine war, kletterte er ins Krähennest auf der Gorch Fock. Jetzt hat er leichte Mühe, die paar Sprossen am Gerüst des Neubaus zu nehmen. Der Trick ist, sich von diesem ja komplett natürlichen Lauf des Lebens innerlich nicht verdunkeln zu lassen. Der Trick ist, nicht in jeder Sekunde bang in eine Zukunft zu schauen, die sich ohnehin nicht überblicken lässt.

Als Knesebeck wieder vom Gerüst hinabgestiegen ist, ruft ein Mann seinem Kollegen zu:

»Uli, komm, einen trinken wir noch«.

Ja, bitte, einen trinken wir noch.


Es ist 19 Uhr, als ich der harten Herzlichkeit dieser Runde eine kleine schwankende Ehrerbietung mache und mit deutlich mehr Sonne als Schatten im Herzen den nun lustigen Weg zurück antrete. Es bleibt erbaulich, auf Menschen zu treffen, die sich um mehr kümmern als nur um sich selbst. Es gibt diese kleine Hoffnung, die für kurze Zeit hilft, mit der Zeit und den Umständen und der Gesellschaft weniger zu hadern.

Als ich die Biere allmählich ausgelaufen habe und es am Himmel endlich deutlicher dämmert als in meinem Kopf, erreiche ich die Lindenallee. Die Straße scheint noch viel verlassener, als es heute Morgen der Fall war. Wie schön war doch die improvisierte Runde auf der Wiese, beim Richtfest. Wie trist hingegen scheint hier der Abend, nirgendwo ist Gemeinsamkeit zu sehen, nirgendwo nachbarschaftliches Leben.

Nicht einmal die Flakhelferin steht noch an ihrem Angriffshahn, Feuerpause. Ihr Sprenkler aber liegt nun verführerisch nah am Gartenzaun, ich könnte da jetzt einfach rübergreifen und ... ich lasse es.

Is jut.

# Reisestreiflicht II

# Keiner von hier

Auf Reisen durch Sachsen bin ich immer wieder in Dörfer gekommen, in denen die Zeit nicht nur stehen geblieben schien. Nein, sie schien dort nie richtig begonnen zu haben. Je ferner die Dörfer von wesentlichen Städten und wesentlichen Straßen entfernt waren, desto autonomer schienen sie mir. Und wenn ich diese Dörfer erreichte, dann wurde mir verlässlich mit einem Blick mitgeteilt, dass zwar das Bushäuschen und der Blumenkübel nebenan bei Familie Schröder zum Dorf gehören, ja dass selbst der eigentümliche Herr Fricke aus der Nummer 7 zum Dorf gehört, ich hingegen hier fremd und damit unerwünscht sei.

In Sachsen sind diese Blicke oft von kaum verhohlener Mordlust, sie sagen, wortlos: Sieh zu, dass du fortkommst, sonst lasse ich die Hunde los. Und auch in Brandenburg werde ich aus Vorgärten beäugt, wenn ich im Schritttempo vorbeiflaniere. Hausfrauen unterbrechen das Rechen, Hausmänner verschnaufen vom Saufen. Ihre Blicke sind jetzt nicht im engeren Sinne einladend, aber sie sind auch nicht so tödlich wie in Sachsen. In ihnen liegt eher eine Skepsis, die sich mit Neugierde mischt: Wer sind Sie? Was wollen Sie hier? Wir kaufen nichts!

Immer werde ich auch hier sofort erkannt als einer, den man hier nicht kennt. Ich habe lange überlegt, was genau mich wohl so schnell verrät. Ist es die Ziellosigkeit, mit der ich mich bewege? Ist es mein kleiner Rucksack, der wie eine textile Übersetzung des Begriffs Tagesausflug an meinem Rücken klebt?

Vor ein paar Tagen rollte wie aus dem Nichts eine Gruppe Radwanderer auf mich zu, als ich gerade mal wieder einen dieser auf -ow endenden Orte passierte. Ich dachte erst alles Mögliche und auch, es könnte sich dabei um eine Fahrradstaffel handeln, eine Bürgerwehr auf Pneus, stets einsatzbereit, um Eindringlinge wie mich zu kesseln und dann zum Ortsausgangsschild zu eskortieren. Dieser Angst hing ich genüsslich nach, als die Gruppe mich erreichte und eine sehnige Helmträgerin mich fragte:

»Entschuldigen Sie bitte, können Sie uns sagen, wo ...«

Ich sagte, wie gerne ich helfen würde und dass es mir leidtue, aber ich sei ebenso Tourist und komplett frei von Ortskenntnis. Die Helmträgerin musterte mich aufs Neue, dann sagte sie:

»Ach so. Ich dachte nur, weil – Sie sahen so aus.«

Noch einmal die Frage: Wenn ich für die von außen so aussehe, als gehörte ich hierher, was enttarnt mich dann so schnell gegenüber denen, die wirklich von hier sind? Ich glaube, am Ende bin nicht ich es, der sich enttarnt, und ist es auch keines meiner Kleidungsstücke und keine meiner Gesten. Mit ihren Blicken enttarnen die Anrainer in ihren Vorgärten am meisten sich selbst. Sie enttarnen ihre natürlich legitime Erwartungshaltung, dass alles, was ist, so bleibe, wie es sei. Dass es nicht gestört werden solle von etwas potenziell Anstrengendem wie: Abwechslung. Und das unmittelbare Umfeld ist hier überschaubar genug, um zu wissen, was hineingehört.

Wenn mich das nächste Mal eine Helmträgerin nach dem Weg fragt, dann werde ich sagen: »Ich bin nicht von hier. Ich bin die Abwechslung.«

Schnuffelchen, uns jeht es jut

Das Konzert beginnt jeden Abend mit einem Adagio. Überall in Brandenburg wird es aufgeführt, dasselbe Stück, den ganzen Sommer lang. Oft bin ich der Einzige im Publikum, aber das ist okay. Technisch sehr beeindruckend sind die Aufführungen häufig in den Wohnsiedlungen. Am liebsten aber mag ich die Inszenierungen in den Kolonien, an den hübschen Mehrspartenhäusern in Kleingartenanlagen. Heute sitze ich dort besonders gut, auf einer kleinen Bank, an einer Wegkreuzung. Surround-Sound. Ich räuspere mich noch einmal, dann beginnt sie auch schon: Eigenheimers berühmte Sinfonie für Sprinkler in $H_2O$-Dur.

Es gibt Menschen, die selbst in diesem heißen, trockenen und langen Sommer ganz normal mit Gießkanne und Pumpsprühflasche lebenserhaltende Maßnahmen in Vorgärten und an Balkonbrüstungen durchführen. Faszinierender finde ich, was mittlerweile an höherer Technik in deutschen Wiesen verbaut liegt. Die Rüstungsindustrie führt wirkliche Wunderwerke im Angebot wie den offenbar beliebten Viereckregner *ZoomMaxx*, wahlweise zur Auflage oder mit Senkkopf. Rotierende 3-Arm-Systeme gehören schon zum Standard, nicht selten als kombinierte Kreis- und Sektorenregner mit Turbinengetriebe, skalierbar von 30 bis 360 Grad. Für sich betrachtet, sehen diese Apparate immer ein bisschen nach Krieg aus. Zu nichts anderem als Kunst werden sie in ihrem allabendlichen Zusammenschluss, bei ihrem orchestralen Spiel in der Abendsonne. Und damit zurück zu Eigenheimer.

Zu Beginn also das Adagio. Die Sinfonie regnet sich langsam ein, mit einem kaum hörbaren, sanften Schwenken. *Piano possibile.* Die weiten Legato-Bögen sind mit jedem Schwenk besser zu sehen, sie wachsen auf zu einem gleichmäßigen Sprühen überall, einer Fanfare der Fontänen. Auf dieses Vorspiel folgt das Stakkato der Schwinghebelregner. Sie schlagen ihr druckvoll vorgetragenes Wasser mit einem Ruck ab, ehe sie zum nächsten Sektor rotieren. Tss-Tss-Tss-Tss-Tss. Tss-Tss-Tss-Tss-Tss. Im dritten und letzten Teil der Sinfonie geht das Orchester wieder auseinander, der rauschende Aufwuchs bildet sich asynchron zurück bis irgendwo ein letzter Tropfen wehmütig aus dem Verteiler tropft. Darauf folgt ein Moment schönster Stille, den ich sonst nur aus echten Konzertsälen kenne. Diese andächtigen Sekunden zwischen dem letzten Akkord und erstem Klatschen.

Für mich ist die Bewässerungsmusik in diesen Wochen immer auch eine Mahnung, so langsam nach einem Schlafplatz Ausschau zu halten. So gehen die Tage: Erst mal los mit der Regionalbahn, ein Stündchen irgendwohin, Hauptsache Strecke machen, Hauptsache andere Luft, anderes Licht, neuer Boden. Dann ein paar weitere Stunden zu Fuß, ruhen im Gras. Die Nacht zieht in Gedanken früher auf als außerhalb, irgendwo wird man sie ja verbringen wollen, verbringen müssen. Wo genau ich heute nach einem Schlafplatz suche, tut nichts zur Sache. Denn das, was ich finde, ließe sich überall finden, vor allem im Osten. Ich finde also, irgendwo im Überall: Haus und Leben von Reinhard und Gabi.

Dingdong.

*Ich:* »Guten Tag, ich möchte nicht lang stören, aber ich habe mich beim Wandern vertan und wollte fragen, also, ob es in Ordnung wäre, wenn ich vielleicht für eine Nacht bei Ihnen hinten im Garten mein kleines Zelt aufschlage?«

Gabi zögert, mit der Gründlichkeit eines Schwenkregners mustert ihr Blick mich von oben bis unten.

*Gabi:* »Du kannst dein Zelt uffbaun, wo de willst, aber hier bei uns würd ick es nich machen.«
*Ich:* »Aha, wieso?«
*Gabi:* »Na, hier jibt es Elchkühe und Wildschweine. Letztens warn ooch wieder mal Wölfe im Ort.«
*Ich:* »Wölfe?«
*Gabi:* »Wölfe.«
*Ich:* »Wölfe.«

Reinhard kommt hinzu, Gabi erstattet ihm kurz Bericht, dann tauschen die beiden einen Blick aus. Es ist ein telepathisches Tête-à-Tête, unendlich erprobt in 30 Jahren Ehe.

*Reinhard:* »Jetzt komm erst mal rin. Ick geb dir'n Bier aus.«

Wir gänsemarschieren durch den beregnungsnassen Garten und setzen uns an den Tisch auf der Terrasse. Erst nach Mitternacht werden wir diese wieder verlassen. Was in der Zwischenzeit passiert, ist das vielleicht größte Glück dieses Sommers und auch eine Art Droge. Klar, es gibt fast überall diesen eben beschriebenen Anfangsverdacht, diese Skepsis hinter Zäunen und Türen und Gardinen. Aber: Egal, wo ich klingele, wen ich nach Wasser frage oder auch nur nach dem Weg, fast immer geht mehr als nur eine Tür auf. Es öffnen sich Herzen und Fotoalben und nicht selten die Kühlschränke gleich mit.

Was sich heute auftut, das sind zwei ganze Leben. *Being Gabi* und *being Reinhard*, wie ist das so? Gabi sagt zu Reinhard: »Lange Jeschichte, wa, Schnuffelchen?« Und dann wandern beide in Gedanken zurück in die Kindheit. Seine war im besseren Sinne unauffällig, ihre das Gegenteil. Gleich nach der Geburt gab die überforderte Mutter Gabi fort. Das kleine Glück einer behütenden Pflegefamilie blieb ihr nur wenige Jahre. Dann stand die Mutter wieder vor der Tür, mit ihrem neuen Mann, der hatte kräftige Hände und ein Alkoholproblem. Gabi ertrug, was noch heute schwer zu ertragen ist, Jahrzehnte später und als bloßes Hörensagen. Gabi ertrug, in der Hoffnung auf ein anderes Morgen. Dieses Morgen kam an einem Abend, da war sie noch keine 20. Eine Freundin stand vor der Tür und mit ihr stand dort Reinhard.

Groß war er, das gefiel ihr. Und dann erst die warmen Augen! Daran erinnert sie sich noch heute.

Die DDR verging. Mit ihr ging die Enge, ja, aber auch die Ruhe und eine Armut an Möglichkeiten, die bereichernd sein kann. Weil sie zwangsweise Raum für Wesentliches lässt, Freunde, die Familie, Gespräche. Die neue Welt brach auf. Mit ihr kam die Freiheit, ja, aber auch eine Dynamik, die etwas Bedrohliches in sich trug, im Kleingedruckten ihrer Allgemeinen Geschäftsbedingungen.

Gabi und Reinhard beschlossen, all ihre Energie in diese neue Welt einzubringen. Ein Geschäft für Haushaltsgeräte sollte es werden, zunächst führten sie es allein. Bald gingen ihnen zwei Angestellte zur Hand, dann vier, später acht. Das Geschäft lief gut, einmal in der Woche luden Gabi und Reinhard die Belegschaft zum Essen ein. Sie kauften ein Haus, bekamen eine Tochter. Die Arbeit wurde nicht weniger, aber darüber wollte niemand klagen. Im Gegenteil: Mensch, Gabi, uns jeht es schon jut, wa? Ja, Schnuffelchen, uns jeht es jut.

Und dann?

»Denn ham die Firmen anjefangen, nur noch Mist zu produzieren«, sagt Reinhard.

Fortschritt hieß jetzt, dass die Leute immer seltener zu Reinhard in den Laden kamen, um etwas reparieren zu lassen. Dass sie stattdessen neu und billig Ware nachkauften, die dann, so sieht das Reinhard, nur noch schneller wieder kaputtging. Der Preisdruck stieg und die Margen schrumpften weiter, als das Internet sich immer weiter aufspannte. Weil die Leute jetzt noch seltener zu ihnen in den Laden kamen, gingen Gabi und Reinhard zu ihnen ins Internet. Sie begannen, ihre Ware in größeren Losen einzukaufen, um überhaupt noch mit Gewinn vertreiben zu können. Das klappte nicht. Aus mittelmäßigen Margen wurden mickrige und aus mickrigen Margen wurde ein Minus. Aus dem Minus in der Kasse wurde eines bei den Mitarbeitern. Irgendwann standen Gabi und Reinhard wieder alleine in ihrem Laden, auch den gibt es heute nicht mehr. Das Einzige, was Gabi und Reinhard geblieben ist, das ist das Haus und mit ihm allerdings ein Wettrennen.

*Reinhard:* »Wir ham jede Menge Schulden am Arsch, dit kann ick dir sagen. Und wenn wir die nächste Rate nich bringen, denn is dit Haus ooch noch weg.«

Stille.

*Reinhard:* »Wir müssen durchhalten. Gabi muss durchhalten.«
*Gabi:* »Dit mach ick schon, Schnuffelchen. Wir ham's doch bisher immer jeschafft.«

Nach dem Bankrott des Geschäfts begann es in Gabis Kopf zu spuken. Sie ging zum Arzt und bat diesen um ein paar Ideen für die Hausapotheke. Schmerz- und Schlaftabletten, vielleicht noch ein paar Fröhlichmacher, solche Sachen. Der Arzt schickte sie in eine Klinik, ohne Umwege und für ein ganzes Jahr.

*Reinhard:* »Ja, und denn ham se bei mir ooch noch dieset Meni-, dieset Minigern-, Mensch, sach schon, wie heißt dit?«

*Gabi:* »Meningeom. Me-nin-ge-om.«

*Reinhard:* »Jenau, dit ham sie bei mir festjestellt und dit is zwar einigermaßen wieder jeworden, aber so richtig viel kann ick jetzt ooch nich mehr machen. Schöner Mist ist das.«

Stille.

*Reinhard:* »Ick sach immer, meine Frau hat Arbeit – aber mir jeht's jut.«

Reinhard versucht ein Lächeln, das er sich selbst nicht glaubt. Ich versuche, ihm ein paar wärmende Blicke über den Tisch zu schicken. Gabi zündet sich noch eine Zigarette an. Dann erzählt sie von ihrer Arbeit.

*Gabi:* »Ick bin ja noch in der Probezeit. Aber es is jutet Geld. Na ja, ick muss denn ooch langsam ins Bett, wa, Schnuffelchen?«

Der Wecker klingelt jeden Morgen um 4.30 Uhr, zum Frühstück gibt es eine Tasse Kaffee und etwas Fingerfood aus dem Tablettenschieber. Der Spuk hat sich einigermaßen aus ihrem Kopf verzogen, die Arbeit macht ihr durchaus Spaß, auch wenn sie von einigen Kollegen in der Fabrik geschnitten wird.

*Gabi:* »Da frag ick mich natürlich, sind die jetzt komisch oder bin ick irgendwie seltsam?«
*Reinhard:* »Na, bis die Probezeit vorbei ist, würde ick da mal keen Jewitter machen.«
*Gabi:* »Wo ick bin, is immer Jewitter, dit weeßt du doch.«

Sternenklare Nacht ist nun auch draußen aufgezogen, Reinhard schenkt noch einmal nach. Gabi versinkt doch noch nicht in ihrem Bett, sondern weiter im Rattan, ich versinke in Gedanken. Welchen Wert hat ein geruhsam gelegenes Haus im Sattgrünen, wenn die Gefahr seines Verlusts häufiger das Gefühl bestimmt als das Glück seiner Gegenwart? Sieht, wer 4.30 Uhr für seine Arbeit aufstehen muss, auch die Vorzüge eines Feierabends am frühen Nachmittag? Folgt aus der Erfahrung, gewagt und verloren zu haben, zwangsläufig eine Bitterkeit und sei sie auch nur verhalten groß? So laufe ich durch meine Gedanken und stehe irgendwann vor einer viel zu großen Frage, die ich Gabi und Reinhard garantiert nicht hatte laut stellen wollen. Aber jetzt fällt sie aus meinem Mund, einfach so.

*Ich:* »Ist das Leben schön?«
*Reinhard:* »Mensch, du fragst Sachen.«
*Gabi:* »Na, wir bemühn uns.«
*Reinhard:* »Wir könn' ja nur durchhalten. Wat denn sonst?«
*Gabi:* »Ja, und Geld is ja nu ooch nich alles, wa, Schnuffelchen? Wir ham ja ooch noch uns.«

Gabi nimmt Reinhards Hand. Er lächelt und diesmal glaubt er es auch. Gabi drückt ihre Zigarette aus, sie geht ins Haus, dann ruft Reinhard sie noch einmal nach draußen. Ich hatte ihm gerade erzählt, dass ich bei meinen Wanderungen hier und dort auch schauen wolle, wie viel Fontane in der Mark noch zu finden sei.

*Reinhard:* »Gabi, wie hieß det noch mal, wo wir mal waren, die Steine da bei Fürstenberg.«
*Gabi:* »In Rauen war dit.«
*Reinhard:* »Jenau, da sind so Steine, Markgrafensteine, die musste dir ankieken.«
*Gabi:* »Da sind so Findlinge.«
*Reinhard:* »Aus der Eiszeit.«
*Gabi:* »Ja, klar.«
*Reinhard:* »Wieso, klar?«
*Gabi:* »Na, du hast se nich jefunden.«
*Reinhard:* »Mensch, höre uff du.«
*Gabi:* »Is jut. Nacht, ja?«

Nacht. Reinhard schließt den kleinen Hauswirtschaftsraum im Erdgeschoss auf, da sei eine Couch, da könne ich schlafen.

Dass ich hier schlafen darf, ganz wunderbar. Dass ich hier schlafen kann, ist noch nicht gesagt, denn erst einmal liege ich nur und zwar: wach. Ein Notlicht funzelt in den Raum und zeigt die tausend Kleinigkeiten darin, die mir nun mehr erzählen als ein Fremder in ihnen erkennen könnte. Leichter Staub liegt auf den Schlüsseln und Drehern und Zangen der Werkzeugwand. Ein zweites Brett ist behelfsweise unter das Regal geschraubt worden, um weiteren Platz zu schaffen für die vielen Aktenordner. Versicherung IV, Bank II, Firma V. Auf der Arbeitsplatte steht ein kleiner Rahmen, darin ein wolkenloser Himmel, in den geschrieben steht: »Wenn Dir jemand sagt: Das geht nicht! Denke immer daran: Das sind seine Grenzen, nicht Deine.«

Mit so einem Spruch lässt sich bestimmt dann und wann ein innerer Berg versetzen. Aber Kreditlinien bei der Volksbank? Die Leistungsfähigkeit nach einer Tumoroperation?

In der Nacht klackt es irgendwann im Schaltkasten neben dem Bett. Gabi muss aufstehen und durchhalten, auch heute. Ein paar Stunden später packe ich meine nicht mal sieben Sachen und schlurfe noch einmal zur Terrasse. Reinhard sitzt schon wieder am Tisch und kaut eine Aufbackwaffel, er trägt dieselbe Kleidung wie gestern Abend.

»Ick muss gleich zur Physio, Mensch, keen Bock. Aber uffm Topp war ick schon«, sagt er.

Ich bleibe noch auf einen Kaffee, es folgen ein Handschlag und eine Umarmung, so ungelenk, wie sie nur unsichere Männer zustande bringen. Dann eile ich fort, dankbar und doch beengten Herzens, zur Regionalbahn, sie führt nach Fürstenwalde, von dort geht es weiter mit dem Bus nach Rauen. Eine Laune auf Ablenkung lässt mich zu den *Wanderungen* greifen und das zu Erwartende noch einmal nachlesen. Und wirklich, vor Ort lässt sich gleich die beschriebene Fahrstraße erkennen, die sich noch immer ängstlich zwischen Kiefern schlängelt. Auch bereitet einen Fontane bestens vor auf den kritischen Moment der Ankunft an den beiden also berühmten Markgrafensteinen in den Rauenschen Bergen in Brandenburg, denen schon damals der schrille Ruf vorausgeeilt war, sie seien eines der sieben märkischen Weltwunder.

Geführt von den Händen des Kutschers Moll erreichte Fontane also den ersten Stein. Und dann? »Wirklich, ich war enttäuscht«, schreibt er und es liest sich so herrlich an wie heute die Urteile der begabten Wüteriche in den Kommentarspalten bei TripAdvisor. Enttäuscht war er also, der Dichter, und hätte Herr Moll es vorgezogen, schlichtweg an den Steinen vorüberzufahren, Fontane hätte im günstigsten Falle gedacht: »Ei, ein großer Stein.« Nun aber hatten sie gehalten, Fontane betrachtete den Stein und sah darin auch nach einiger Zuwendung nur die Entsprechung eines »toten Elefanten«. Fontane wandte sich wieder Moll zu und fragte, noch immer ab vom Glauben: »Ist er es denn wirklich?«

War er und ist er und wirklich nicht weiter der Rede wert. So setze ich meinen Weg fort durch die Rauenschen Berge. Da geht der Schwindel ja schon los: 153 Meter in der Spitze, das gilt selbst mit dem großzügigen Maß eines Mittelgebirgsmenschen nicht mehr als Erhebung. Also, ich laufe von den Steinchen fort durch die Nicht-Berge und erreiche schließlich eine Kuppe. Dort winkelt sich ein mächtiger Turm immerhin 45 Meter in die Höhe, ein wuchtiger Wuchs aus Stahl, fast militärisch umzäunt, aber zugänglich durch ein Drehkreuz.

Im Spurt geht es nach oben, so wenig hatte der Weg gefordert. Und dann, dort angekommen? Wirklich, ich bin enttäuscht. Halt, eigentlich schon wieder nicht. Eigentlich ist dieser Turm der logische Abschluss dieses Ortes. Die Aussicht wird dem Aufstieg nämlich nicht wirklich gerecht, der Turm selbst ist spektakulärer als der Blick, den er freigibt von seiner Spitze. Viel, gewiss schöner, Wald ist zu sehen. Aber oft erkennt man die Schönheit des Waldes trotz lauter Bäumen doch schon im Wald selbst. Das Versprechen, über seinen Wipfeln sei mehr als Ruh'? Schmu.

Doch wie gesagt, genau genommen ist das überhaupt nicht enttäuschend, sondern schon wieder eine hervorragende Idee. Einen Aussichtsturm genau dort hinzustellen, wo es exakt nichts zu sehen gibt, das ist einfach genial und nichts anderes. Die Leute werden nämlich trotzdem kommen, weil das Angebot des Turms eine Nachfrage nach dem Turm schafft und weil auf die Möglichkeit, dorthin zu laufen, die reale Praxis folgt, dorthin zu laufen. Die Leute haben in ihrer Sommerfrische nicht hundert gotische Kirchen gesehen und 99 davon auf der Schwelle nach draußen wieder vergessen, um jetzt in Rauen den Aufstand zu proben, weil der Horizont mit Highlights geizt.

Noch anders: Gerade weil es von hier oben nichts als den Wald und ein paar flirrende Silhouettenreste zu sehen gibt, ist die Aussicht so wertvoll. Wenn der Blick sich nirgendwo in der Ferne festzuhalten vermag, richtet er sich schneller nach innen, zur Einkehr bei sich selbst.

Ich denke noch einmal an das Konzert der Sprinkler, in dessen wohlständiger Selbstverständlichkeit nichts darauf hingedeutet hatte, dass in den zugehörigen Häusern der Segen zuweilen auch schief hängt oder sich vollends verflüchtigt. Ich denke zurück an Gabi und Reinhard, in deren nachvollziehbare Enttäuschung und in deren beachtlichen Kampfesmut sich auch eine Larmoyanz gemischt hat, die toxisch sein kann. Ich denke an die beiden Markgrafensteine und frage mich, wie oft Wanderer vor ihnen wie Fontane zu stehen kommen und dann denken: Mensch, ganz schön klein.

Das meiste im Leben, befand Josef Hader, ist kleiner und schmutziger als im Prospekt. Die Akropolis, die Kinder, die Ehe. Die Steine, die Aussicht.

Ich denke noch einmal an den heißen und trockenen Sommer, der noch dazu sehr lang ist. So lang, dass alle irgendwann misstrauisch werden. In den Nachrichten geht es seit Tagen um die Frage, wie viel die Dürre mit dem zu tun hat, was unverdächtig Zivilisation genannt wird. Dabei bedeutet Fortschritt ja oft, dass Dinge kaputtgehen, die lange vor ihm schon da waren. Natur zum Beispiel. Aber nicht nur die. Und wenn der Fortschritt einmal da ist, dann muss es gleich weitergehen. Fortschritt heißt nämlich auch, dass die Leute akribisch nach Lösungen für solche Probleme suchen, die es ohne den Fortschritt gar nicht geben würde. Diese Probleme einfach nicht zu verursachen, das war, glaube ich, noch nie eine Option. Es ist kompliziert.

Ich denke noch einmal an das Leben selbst, an die vielen Wünsche und Träume, mit denen sich jeder aufmacht in ihm und mit denen sich auch Gabi und Reinhard einmal aufgemacht haben ins Bemühen. Daran, wie sie mit dem Fortschritt gingen und dann doch von ihm überholt wurden. Das allein gibt noch keinen rechten Grund zur Klage. Und es ist – anders als die Aussicht vom Turm der Rauenschen Berge – eine Frage der Perspektive. Das Geschiebe auf dem Sandberg, lese ich später, ist in der Eiszeit von Schweden bis hierher nach Brandenburg gekommen. Nun lässt sich der Stein (und lässt sich manches Leben) für seine geringe Größe spotten.

Er ließe sich aber auch bewundern, für den beachtlichen Weg, den er zurückgelegt hat und dafür, wie er sich vorgearbeitet hat, von der glazialen Kälte seiner frühen Tage bis an diesen behaglich grünen Ort, irgendwo im Überall Brandenburgs. Fortschritt, das ist nicht nur, was gerade passiert oder noch passieren soll. Fortschritt ist auch, was schon gelungen ist. Vielleicht ein banaler Gedanke, aber er hilft, manche Dürre zu überstehen. Selbst wenn der nächste Regen Jahre auf sich warten lässt.

# Verschwörung
# im Naturschutzgebiet

Es hat eine Weile gedauert, aber inzwischen habe ich begriffen, dass mir am Wandern etwas explizit gefällt, worin andere vielleicht einen Mangel erkennen. Es ist die potenziell komplette Abwesenheit von Geschehen. Natürlich geschieht beim Wandern ständig etwas, wie ja überhaupt nie im Leben je gar nichts geschehen könnte. Selbst wenn man nach langem Schlaf erwacht, ist da oft etwas und sei es die Erinnerung an einen Traum. Im Vergleich dazu geschieht beim Wandern nicht nur nicht nichts, es geschieht eine ganze Menge. Es geschehen nur eben keine Dinge im Sinne dieser urbanen Idee von Ereignissen als etwas, für das es Veranstaltungsseiten bei Facebook gibt oder Einlasskontrollen oder sonstige Planbarkeiten.

Das Geschehen auf Wanderungen kann ein ganz und gar innerliches sein, eine Introspektion zu allen möglichen Fragen des Lebens. So wandert man äußerlich durch die Gegend und innerlich durch sich selbst und alles schwingt in einem idealerweise sommerleichten Gefüge. Manchmal entsteht dabei Kontemplation, manchmal eine wohlige Langeweile, und nicht unberührt bleibt das Geschehen natürlich dann, wenn man zu zweit unterwegs ist statt nur alleine. Mit einer guten

Begleitung stellt sich die Frage nach dem Geschehen noch einmal neu, jedes Thema ist möglich und jede Fantasie. Zu Beginn des Wanderns öffnet sich ein leerer kommunikativer Raum und da geht man hinein und fängt an, ihn nach Lust und Laune zu möblieren.

Der Raumausstatter, mit dem ich heute unterwegs bin, heißt Micha, er ist Schriftsteller und in einer so angenehmen Weise unprätentiös, wie man es als Schriftsteller vermutlich gar nicht sein darf. Umso angenehmer ist, dass diese Eigenschaft bei seinem Umzug von Sachsen nach Berlin-Friedrichshain nicht verloren gegangen ist. Von dort starten wir, mal wieder sehr früh, mal wieder beginnend mit einem kleinen Tageseinkauf in Bäckerei und Supermarkt, mal wieder mit dem nach Norden zischenden Regionalexpress 5. In einer grundsätzlich guten, fast schon zu routinierten Weise fühlt es sich inzwischen an, als würde ich zur Wanderarbeit pendeln, als hätte ich, na ja: meinen Beruf zum Hobby gemacht.

Mit Micha also laufe und fahre und laufe ich los und dann öffnet sich der kommunikative Raum und wir gehen auch da hinein und unser Thema für den Tag werden wir gleich auf den ersten Metern hinter Fürstenberg finden, dieser im Vergleich zur schwachen regionalen Konkurrenz urban anmutenden Stadt an der Havel. Der Übergang von dieser Stadt in den sie umgebenden Wald ist markiert mit einer Eule, die aussieht, als wäre sie gerade nach einer durchstromten Woche aus dem Berghain geflattert und aus lauter Verpeiltheit eher zufällig hier gelandet, am Stadtsaum von Fürstenberg an der Havel. Ihre Augen stieren in ein unbekanntes Nichts und lassen eine sehr offensive Medikation mit etwas erahnen, dass es in keiner Apotheke gibt, nicht mal auf Rezept.

Es gibt diese Eule zehntausendfach in Deutschland, sie ist das Testimonial dieser schwarz-gelben Fünfecke, auf deren Grund ein wunderbares deutsches Wort steht: Naturschutzgebiet. Wer das einmal weiß, sieht in den Augen der Eule nicht unbedingt mehr Drogen. Er kann in ihnen dann eine strategisch fein austarierte Balance aus Angst und Argus erkennen. Es ist die Angst der Natur, vom Menschen beschmutzt und beraubt zu werden, vermüllt und zerstört. Und es sind Argusaugen, die rufen: Obacht! Kein Vergehen auf dieser Erde bleibt auf immer ungesühnt.

Micha und ich beginnen also mit dem Möblieren, die Eule führt uns gedanklich zum Überwachungsstaat und von dort kommen wir schnell zu den Verschwörungstheoretikern und Verschwörungspraktizierenden, denen wir beide in den vergangenen Jahren vielfach begegnet sind und die uns auch heute verlässlich durch den Tag begleiten werden, wiewohl nur als Imagination. Wobei, wer weiß?

Ich sage zu Micha, das gestiegene Misstrauen und die manchmal tätliche Feindlichkeit, die man als Journalistenmensch nun auszuhalten habe, seien zuweilen ermüdend. Ich sage, dass ich deswegen zu flüchten begänne, selten zwar und nur in Gedanken, jedoch verlässlich und zwar in die Frage, wie ein beruflicher Neuanfang in meinem Leben aussehen könnte. Ich sage, auf traditionsreiche handwerkliche Berufe zum Beispiel würde ich immer mit Respekt blicken und häufig mit Sehnsucht. Micha sagt, das sei ja alles nachvollziehbar, irgendwie, aber ob ich denn glaube, wirklich glücklich zu werden als, sagen wir: Sargtischler in Dippoldiswalde?

Vielleicht, sagt Micha, sollte ich stattdessen im politischen Fach bleiben, nur in anderer Funktion. Ich könnte mich, sagt Micha, in Sachsen für die AfD in den Landtag wählen lassen, gewissermaßen als klassischer Überläufer. Den Wechsel begleiten, sagt Micha, könnte ein Enthüllungsbuch über die Mainstreampresse und ihre verlogenen Machenschaften. Ja, er sehe es im Grunde schon vor sich, ganz eindeutig, und dieser Tag wie er als Person, als Schriftsteller Michael Bittner, würden ein gutes Kapitel für dieses Buch hergeben: »Linksfaschist Bittner lockte mich auf einen Waldweg, um mir von Zion zu berichten …«

Das Verschwörerische werden wir nun nicht mehr los und das hat mit einer ersten Begegnung in Neuglobsow zu tun. Es ist die Begegnung mit einem gelben Kleinbus der Deutschen Post, von dem wir allerdings zunächst kaum Notiz nehmen. Das wiederum liegt am Stechlinsee Center und der Tatsache, dass dieses Center und der ganze Ort mit kaum etwas zu geizen scheinen. Das Café darin ist bio und regio und saisonal und auch sonst sehr modisch, die Häuser drumherum glänzen entweder mit Fachwerk-Ornamentalem oder als bedrückend makellos errichtete Neubauten. In Summe erscheint Neuglobsow als einer dieser Orte, an denen Deutschland dermaßen herausgeputzt schimmert, dass einem dieses viele materielle Glück leicht unanständig vorkommen kann.

Auf dem gar nicht so weiten Stück zwischen Neuglobsow und Menz, unserem Tagesziel, kreuzt der kleine gelbe Wagen der Post nun immer wieder unsere Wege und selbst dann, wenn diese durch weitgehend unbevölkerten Wald führen. Und weil wir als Sachsen gerade in der brandenburgischen Fremde weniger an den Zufall glauben, als es gesund wäre, stellen wir Fragen. Zunächst nur einander, aber wir stellen sie. Erstens, handelt es sich bei dem kleinen gelben Wagen am Ende um *Carmouflage*, um motorisierte Tarnung? Zweitens, werden wir verfolgt, belauscht sogar? Drittens und logischstens, sind wir von einer geheimdienstlichen Stelle als Freigeister und damit als gefährlich eingestuft worden und sollen nun, fernab aller Öffentlichkeit, diskret beseitigt werden? Das wäre dramatisch und hoffentlich nicht nur die Innung der Sargtischler hätte etwas dagegen.

Was in dieser Weise als Scherz beginnt, halten wir bald nicht mehr für gänzlich ausgeschlossen. Das mag an der Hitze speziell dieses Tages liegen oder, im übertragenen Sinne, an der Hitze der Gegenwart, in der wir leben. Erleichtert sind wir so oder so, als wir jenen Ort erreichen, den Micha als »Metropoldorf Menz« angekündigt hatte. Menz liegt zunächst um uns als ein weiteres Nichts, ein schweigsames Dorf in schweigender Landschaft. Mainz möge Mainz bleiben, wie es singt und lacht. Aber Menz?

Es ist ausnahmsweise nicht der Zufall, der uns hierhergeführt hat, sondern eine Bekanntschaft Michas. Der Liedermacher Jan Koch ist vor einer Weile nach Menz in die Gemeinde Stechlin gezogen und aus der Zeit davor gibt es ein Lied über Berlin, das diesen Umzug fast zwangsläufig erscheinen lässt. »Liebling, ich bin so müde«, singt Jan Koch im Refrain dieses Liedes und er stellt der angesprochenen Partnerin und sich dann eine Frage: »Sag mir, wieso: Berlin?« Dort war Koch irgendwann gelandet und sein Unbehagen mit der Stadt brachte er auf die schöne Formulierung: »Entweder ich versteh's nicht oder ich versteh zu viel«. Ob man Berlin nun gar nicht versteht oder zu viel davon, das Ergebnis kann dasselbe sein und im Fall von Jan Koch und seiner Frau Aurore lautete es: Menz.

Dieser Umzug ist eine Entscheidung mit vielen Gewinnern und am Ende zählt dazu sogar der naherholungsgeneigte Teil der Bewohner Berlins. Es gibt in Menz jetzt nämlich ein französisch-märkisches Café, das *Bric à Brac*. Die Kochs haben es in einem ehemaligen Stall des Bauernhofs nahe dem Roofensee eröffnet, den sie zuvor schon übernommen hatten. In dessen Hinterhof finden Micha und ich nun Schutz in jeglicher Hinsicht. Wir finden Schutz vor einer Hitze, die Micha noch auf diesem Flecken preußisch-französischen Bodens in mutiger Nichtverleugnung seiner sächsischen Heimat eindeutig benennt: »Eene Demse hier, he?«

Wir finden Schutz vor der als harmlose Postbeamtin verkleideten Späherin aus dem kleinen gelben Wagen der »Post«, die den ganzen Tag und in fast glaubwürdiger Perfektion Paketattrappen an uns vorbeigetragen hat. Und wir finden auch bestmöglichen Schutz vor Hunger und Durst. Eine aus regionalen Zutaten gebackene Quiche steht bald vor uns, dazu zwei große Biere. So sieht vielleicht nicht das Leben von Gott in Frankreich aus, aber außer Landes könnte er es kaum schöner treffen als hier, in diesem kleinen, leicht rumpeligen Hinterhof.

So vergeht die Zeit und sie könnte nicht schöner vergehen und so verschleppen wir deswegen eine Frage. Es heißt immer so sehnsüchtig, man wolle mal wieder »raus aufs Land«, nur, wie kommt man von dort eigentlich zurück? Das Wandern und die Naherholung funktionieren ja nur als Interim und so schön es in Menz auch ist, der Tag geht allmählich den Weg aller Tage und Micha würde gerne wieder nach Berlin. Wir mühen uns auf, mit einem Dank an Aurore und Jan, dann gehen wir satt und müde ein Stück zum Friedensplatz. Dieser Friedensplatz kommt mir enorm vor, regelrecht überdimensioniert, aber das kann gut am Biernebel liegen, der nach drei halben Litern in der Sonne angenehm dicht und mächtig in mir aufsteigt. Ziemlich sicher hingegen bin ich mir in meiner Beobachtung, dass auf diesem also sehr großen Friedensplatz weder Menschen noch Autos zu sehen sind. Mit der Reaktionsgeschwindigkeit und Auffassungsgabe einer Schildkröte drehe ich den Kopf zu Micha und frage sehr, sehr langsam: Was, machen, wir, hier?

Micha sagt, er habe Vorsorge getragen für genau diese Situation, vor Tagen schon. Er habe angerufen beim Verkehrsverbund Berlin-Brandenburg und dort gesagt, man möge ihn und seinen Wanderfreund bitte in Menz abholen, an einem Mittwochnachmittag um kurz nach Irgendwas. Beim VBB, sagt Micha, hätten sie seinen Wunsch wohlwollend aufgenommen und auf seine Frage, was das denn wohl kosten werde für zwei Personen, freundlich erwidert, ein gültiges Tagesticket würde völlig genügen.

Ich sage Micha, er habe sich da wohl nach allen Regeln der Kunst vereimern lassen – und weil man nach drei Bier ja auch nicht lustiger wird, frage ich ihn, ob er links sitzen wolle oder rechts in dem Flugtaxi, das ja wohl hier gleich herabsurren werde, auf den Friedensplatz in Menz, wie könnte es denn anders sein. Ich habe meinen Satz noch nicht beendet, da quietscht schon ein VW-Bulli um die Kurve und kommt vor uns zum Stehen. Mein Schildkrötenkopf dreht sich behäbig zurück zur Straße. Ich denke: Quietschende Autoreifen, ein Transporter, das könnte jetzt auch eine Entführung sein. Ich denke aber auch, dass Menz sich, bei aller Wertschätzung, eher als Zielort einer solchen Entführung anbieten würde denn als deren Ausgangspunkt. Auch ist der Wagen weder gelb, noch steht »Post« darauf, was also kann uns jetzt schon passieren? Der Fahrer des Bullis klärt die Angelegenheit ohnehin zügig auf. Er fragt, ob wir die zwei Spaßvögel seien, die er hier abzuholen habe für eine Fahrt nach Dannenwalde? Wir bejahen.

Andererseits: War vielleicht doch nicht so schlecht geraten, das mit der Entführung. Denn kaum sind wir losgefahren, sagt unser Fahrer, Deckname Alex, er würde uns jetzt besser mal nicht nach Dannenwalde fahren. Ich schaue kurz auf die Türverriegelung, die an der entsprechenden Stelle eines Horrorfilms jetzt zügig und mit einem klackenden Zwutsch-Geräusch in der Versenkung verschwinden würde. Aber dies ist kein Horrorfilm, dies ist Brandenburg, also sagt Alex, er würde uns viel lieber nach Fürstenberg fahren, das passte ihm noch besser in den Tourenplan und unseren Zug nach Berlin, den bekämen wir dort ja auch locker und dreimal.

Micha und ich willigen ein und wir nutzen die Gesprächsgelegenheit, um Alex über den Rufbus auszufragen, dieses weithin unbekannte Mysterium der Menschheit, diese genialische Singularität des öffentlichen Personennahverkehrs. Ähnliches wie ein Rufbus war mir bislang ja nur in Dresden untergekommen, wo selbst die pickeligsten Jungs am Ende einer wieder einmal enttäuschenden Ausgehnacht noch bei Alita landen konnten, ein Anruf genügte. Alita allerdings hatte weder das wallende Haar von Jasmin aus der Zehnten noch vergleichbare Brüste. Alita stand akronym für das Anruflinientaxi der Dresdner Verkehrsbetriebe und dieses brachte auf Wunsch betrunkene Jugendliche nachts zurück in ihre traurigen Stadtrandbezirke. Alita fährt noch heute in jenen Stunden der Nacht, in denen es einfach nicht mehr lohnt, auf Verdacht einen mächtigen Dieselbus in die Spur zu schicken, damit ihn irgendein Patrick als einziger Fahrgast zwischen Burger Straße und Kleinnaundorf vollkotzen kann.

So ähnlich, sagt nun Alex, sei es hier in Brandenburg ja auch, also, ohne die Kotze natürlich. Ein Linienbus verbrauche auf 100 Kilometer zwischen 35 und 38 Liter Sprit, der Bulli im günstigen Fall nur acht. Deswegen hätte sich die Geschäftsleitung entschlossen, insbesondere in den Ferien nicht einfach an der Fahrplanerfüllung festzuhalten. Statt sinnloser Leerfahrten gebe es nun Dienste wie seinen – ein Fahrer im Bulli ersetze gleich mehrere Linien, das sei günstiger und ökologischer und manchmal sei es sogar so ruhig, da werde nicht einmal der Rufbus gerufen.

Und was machst du dann, Alex, wenn der Rufbus nicht gerufen wird? Ach, sagt Alex, so viel anders sei das gar nicht. Er wisse am Beginn eines Tages wie heute, dass er um 17.03 Uhr Feierabend habe und von dem Dazwischen wisse er vorher nicht viel. Manchmal habe er kaum Pausen, manchmal sehr lange, aber selbst das dürfe man sich nicht zu paradiesisch vorstellen:

»Also, Rasenmähen jeht nich«, sagt Alex.

Mit der Zeit entwickelt man in Brandenburg ein hilfreiches Gespür dafür, wen man besser nicht ansprechen sollte und wer Lust haben könnte, ein bisschen zu erzählen. »Lust haben« ist ein in dieser Frage weit gefasster Begriff, er kann auch mal bedeuten: Lust habe ich nicht, aber es macht mir auch nichts aus. Alex ist eindeutig von diesem zweiten Typ und nun, da an einer Ampel eine junge Frau an unserem Wagen vorbeiradelt, nutzen wir auch diese Gelegenheit, um das muffigste Gemisch überhaupt aus Klischee und Fragen in die Fahrgastzelle zu atmen. Alex, wie ist das hier, auf dem Land, mit Frauen, man hört ja manchmal, es gebe kaum noch welche.

»Also«, sagt Alex, wie er überhaupt wirklich sehr oft »also« sagt: »Ick hab meene, dit is nich das Problem.«

Und auch sonst steige hier immer noch »einiges Jefährliche aus und ein«, das könne er ganz ohne Einschränkungen so sagen.

Ein wenig jefährlich scheint auch die zügige Fahrt, also schnell noch eine Frage und sei es für die Ablenkung. Diese vielen renovierten Häuser hier, die haben hoffentlich nichts mit Berlin zu tun und damit, dass der Speckgürtel schon lange nicht mehr enger geschnallt wird, oder? Doch, doch, sagt Alex, »dit is der Boom aus Berlin, die schwappen hier alle rüber«. Wir sind ein bisschen ernüchtert, dass Berlin einen selbst knappe 100 Kilometer nördlich jetzt nicht mehr in Ruhe lässt, aber erstens wollen wir uns bei Alex für die rasante und nette und interessante Fahrt bedanken und zweitens lässt sich gegen die aufkommende Ernüchterung in der Nähe des Bahnhofs von Fürstenberg etwas tun.

Micha und ich laufen ein in die Bar »Pipeline« und wenn überhaupt ein Nord-Stream-Projekt gerade funktioniert, dann genau dieses hier in Fürstenberg. Wir hatten in Menz eigentlich schon »een letztes« Bier getrunken, daran erinnert Micha und fällt dabei mit Bedacht ein zweites Mal heute ins Sächsische. Nun aber sitzen wir, privat chauffiert und mit ein bisschen zu viel Zeit in der »Pipeline« am Bahnhof in Fürstenberg. Also trinken wir das, was Micha »een kleenes Letztes« nennt. Auf den Rufbus folgt ein Rufbier folgt herrliches Dösen in einem sanft schaukelnden Regionalexpress. Die Idee vom eigenen Auto, selten lag sie ferner als jetzt.

All You Can Read

Am Schulpatz in Neuruppin, über dem Tor zum Alten Gymnasium, steht eine Inschrift: *Civibus Aevi Futuri*, den Bürgern des künftigen Zeitalters. Diese Bürger des künftigen Zeitalters werden kaum noch Latein verstehen, aber vielleicht tragen sie dann ja schlaue Brillen, die die alte Schrift erkennen und direkt im Blickfeld übersetzen in diese frohe Botschaft: Du, mein Freund, bist hier willkommen, du bist die Zukunft.

Die Inschrift war hier schon zu lesen, als Theodor Fontane zu dieser Schule kam. »Ein solcher civis sollte ich nun auch werden«, schreibt er in den Erinnerungen seiner Kinderjahre. Er führt darin zunächst auf, welcher Art geistig bewaffnet er das Gymnasium erreichte: Lesen und Schreiben habe er gekonnt und Rechnen. Kenntnisse der Bibel und diverser Weltgeschichte habe er besessen, römische und deutsche Kaiser sowie »beinah sämtliche Schillersche Balladen« gekannt. Fontane vorbilanziert, die genannten Dinge seien »einschließlich einiger lateinischer Brocken so ziemlich alles« gewesen, womit er aufs Gymnasium gekommen sei. Das klingt wie klassisches Understatement eines klassischen Strebers. Und man glaubt ihm noch immer nicht ganz, wenn er fortführt, er sei über das genannte Maß im

Verlauf des Gymnasiums »nicht recht … hinausgekommen«.

Aber da hört Fontane nicht auf, er offenbart jene Unsicherheit und Bildungsdemut, die noch jeden vernünftigen Menschen zermürbt haben muss, der in die Gefangenschaft selbstkritischer Gedanken geraten ist und sich, zwischen *Cogito ergo sum* und Ich-weiß-dass-ich-nichts-weiß hin- und herrennend, irgendwann oder immer wieder für so dumm wie drei Meter Feldweg hielt. Genau so schreibt es Fontane natürlich nicht, aber er schreibt über seine Zeit am Gymnasium: »Einige Lücken wurden wohl zugestopft, aber alles blieb zufällig und ungeordnet, und das berühmte Wort vom ›Stückwerk‹ traf auf Lebenszeit buchstäblich und in besonderer Hochgradigkeit bei mir zu.«

So geht es auch mir, mit der Bildung überhaupt wie mit dem Wissen über Fontane im Besonderen. Die einzige Chance, solche Defizite auszuhalten, lag schon immer in der Einsicht, dass Wissen nie vollständig sein kann. Und sie liegt nicht minder darin, das Stückwerk zu feiern, am besten: in besonderer Hochgradigkeit. Genau dies soll heute geschehen.

Was der Film für Cannes ist und die Mode für Paris, das ist Fontane für Neuruppin. Einmal im Jahr gibt es nach ihm benannte Festspiele, sie sind der Versuch der Bürger der Stadt und des gegenwärtigen Zeitalters, den Autor zu sich zu holen und ihn neu zu befragen. Für Gäste bieten diese Festspiele die seltene Gelegenheit, sich geordnet und doch zufällig zuzustopfen mit Fontane, es gibt in der Stadt ein großes All-you-can-read-Buffet, es wird gesungen und gelesen und getanzt und gespielt und noch zehnmal anderes mehr und am Ende steht dann aber schon die Frage, ob das überhaupt gut gehen kann, so ein unkontrolliertes Völlern – oder ob es zwangsläufig im Overkill endet, in der Resignation, weil der Kopf nur einen winzigen Teil des großen Angebots aufzunehmen vermag.

Fünf Programmpunkte habe ich mir für den heutigen Tag vorgenommen. Eine hohe Dosis, sie soll für den Rausch genügen, ohne einen Kater zu garantieren. Das zumindest ist die Hoffnung und sie bleibt ungebrochen, als ich am Morgen unter dem *Civibus Aevi Futuri* antrete für einen »Literarischen Fontane-Spaziergang«. Der Schauspieler Alexander Bandilla intoniert die Historienhuberei bald mit Heiterkeit, anders sind diese Stadtführungen ja auch eher schwer zu ertragen. Es ist also kein reines Nachspazieren der Wikipedia-Einträge zu Fontane oder Neuruppin, es ist ein Suchen nach Gegenwärtigem im Gestern.

Etwas fehlverstanden hat das eine Frau, die sich bei der Station im Neuruppiner Tempelgarten zu erinnern meint, dieser Tempel da drüben, der habe unter Garantie noch nicht gestanden, als sie das letzte Mal Neuruppin besuchte. Bandilla weist freundlich darauf hin, dass der Tempel mit Sicherheit älter als 100 Jahre sei, stellt aber in großer Höflichkeit nicht die logische Folgefrage, in welchem ihrer früheren Leben die Dame schon einmal nach Neuruppin gereist sei. Wonach wiederum der Mann sucht, dem wir an der Hospitalkapelle begegnen, ist auch nach seiner gesprächseröffnenden Frage nicht sofort klar: »Wo geht's denn hier zum Sex-Empfang?«, fragt der Herr im Anzug und als die Augenpaare ihm gegenüber sich geschlossen weiten, da korrigiert er sich, einen Sekt-Empfang natürlich, den habe er gemeint und den müsse es hier irgendwo geben.

Wir zucken mit den Schultern und ziehen fort und weiter zur Klosterkirche, wo es literarischer wird als an den Stationen zuvor. Allein in den Passagen der *Wanderungen* zu dieser Ruppiner Klosterkirche wird deutlich, dass Fontane zu Spott nicht nur in der Lage war, sondern diesen immer wieder anders temperierte. Er macht dieser Kirche ein giftiges Kompliment, wenn er festhält, die Mittelmark sei »im ganzen genommen so wenig hervorragend an Baudenkmälern aus der gotischen Zeit, dass keine besondere Schönheit nötig war, um mit unter den schönsten zu sein«, und unter den schönsten sei also nach dieser Lesart auch die Ruppiner Klosterkirche. Weniger wohlwollend gerät sein Urteil über das Volk seiner Gegenwart, das kaum informiert sei über die vorlutherische Geschichte und auch nicht über diese Kirche, ja, »das Maß der Unkenntnis und Indifferenz ist so groß, daß es denen zu denken geben sollte, die nicht müde werden, von dem Wissen und der Erleuchtetheit unserer Zeit zu sprechen.«

Die Leute, schreibt Fontane, kennten »weder die Dinge, noch die Worte dafür«, was irgendwie danach klingt, dass selbst früher schon noch früher alles besser gewesen sein soll. Nur, wenn es früher schon nicht stimmte, dass noch früher alles besser gewesen sei, wie wenig kann es dann heute stimmen? Die Klagen über Unkenntnis und Indifferenz der Menschen sind ja eher noch größer geworden und so viel auch dran sein mag und schon immer gewesen ist, so wenig darf man doch aus den Augen verlieren, was alles an schönen Dingen passiert, für die die Leute sogar Worte haben.

Damit weiter zu Programmpunkt zwei des Tages, einer Auktion im Neuruppiner Museum. Dort stehen in den Ecken hüfthoch allerhand monochrome Fontane-Figuren herum, solche, wie man sie auch zu Ehren Luthers und Marx' zu Jubiläen schon hatte produzieren lassen. Die Leute mögen von der vorlutherischen Zeit weiterhin nicht alles oder gar wenig wissen, aber es gibt ja mit jeder Sekunde, die die Erde sich weiter dreht, immer mehr Geschichte und gleichzeitig explodiert die Gegenwart in ihren Ansprüchen. Wer im Supermarkt die Selbstbedienerkassen beherrschen möchte und seine vielleicht präzise Kenntnis der Geschichte des 20. Jahrhunderts weiterhin zu pflegen gedenkt, der kann am Ende gut damit leben, in Sachen gotischer Kirchenbau eher dünn aufgestellt zu sein. Und wer seine guten Noten allein mit sturem Auswendiglernen einholte, den mochte schon in der Schule keiner. Wertvoller im Gedenken, weil begangen mit Lust und Laune, ist diese Auktion, deren Zeuge die Fontane-Figuren jetzt werden.

Es werden hier, dies zum Prinzip, nicht etwa echte Memorabilia des echten Fontane versteigert. Es werden stattdessen Objekte versteigert, von denen man annimmt, dass Fontane sie gerne gehabt hätte. Ein Spitzentaschentuch eben nicht von *Effi Briest*, ein Ei eben nicht vom Roten Hahn aus dem *Stechlin*, ein Kugelschreiber, mit dem Fontane eben nie geschrieben hat. Die Authentizität der nichtauthentischen Dokumente sei gesichert, versichert seinerseits der Moderator, mehr noch, zu jedem der zwölf Exponate gibt es ein Zertifikat, das die Unechtheit belegt. Höflicher lässt sich Fontanes Neigung, das Wahre mit dem Hinzugedachten anzureichern, kaum würdigen – und beiläufiger oder besser gelaunt ließe sich auch nicht vermitteln, dass man sich heute mehr denn je bei allem, was so gehandelt wird von Nachrichten bis greifbaren Objekten, fragen sollte: Stimmt das, kann es stimmen? Wo ist das Original, wo die Kopie, was ist eine Weiterentwicklung aus beidem?

Die Festspiele halten Fontane in Ehren, ohne sich vor ihm in den Staub zu werfen, sie suchen des Autors Bestes, statt nach sinnloser Vollständigkeit zu streben. Das ist amüsant und nett, aber wenn es mit der Überdosis noch etwas werden soll, dann braucht es jetzt ein etwas höheres Tempo, also schnell zu Punkt drei des Programms, zur Kulturkirche und dort muss nun wirklich niemand mehr nüchtern bleiben. Ein Kuchenbuffet ist aufgebaut worden, na klar, immer gibt es in der Mark irgendwo Kuchen und diesmal sogar den selbst gebackenen von einer »Tante Jutta«, die hier alle zu kennen scheinen. Auf einer kleinen Bühne neben der Kirche wird gerade ein Manifest verlesen, es würden »fontastische Zeiten« anbrechen, blecht es aus den Boxen und aus der Gegenrichtung, nämlich dem Bauch der Kulturkirche, wehen bald okkulte Trommeln heran und ein gerade so noch irdisch sich windendes Saxophon. Ich eile hinein, irgendwo dahinten muss die Bühne sein und, Mensch, das Kinn hast du doch schon mal gesehen, ja, Max Moor sitzt da und berichtet, ein Fontane-Lyrik-Projekt werde jetzt in einer Art Performance dargeboten. Seine Worte verformen sich auf dem Weg nach hinten wie überhaupt alles durcheinander schwingt, tonmalerisch unterlegt von etwas, das klingt wie ein Didgeridoo. Aus der Performance scheint eine Beschwörung des Nordischen zu werden, Fontanes Ballade *Gorm Grymme* flutet in jambischen Wellen das Schiff und ich bin willens und kurz davor, in Fontane zu ersaufen, als ein Hustenanfall mich wieder über Wasser zieht. Es ist nicht einmal eigener Husten, der solches vermag, es ist eine ehemalige Bundesministerin, die, wie ich jetzt erst bemerke, neben mir in der Bank sitzt und sich mit einer unausgesprochenen Bitte um Nachsicht nun aus selbiger herausdrückt, um nicht weiter zu stören.

Vorerst also kein Ersaufen, aber der Seegang stimmt jetzt und er wird noch einmal verstärkt von Programmpunkt Nummer vier, einem Videoschnipselvortrag von Jürgen Kuttner. Kuttner ist bekannt, wenn nicht berühmt für sein gedankliches Amalgam, für einen wie ihn ist die Welt voller Bezüglichkeiten. Alles hängt mit allem zusammen oder kennt sich über maximal zwei krumme Ecken und so sagt Kuttner zu Beginn seines Vortrags, Fontane sei nicht nur sprichwörtlich ein dermaßen weites Feld, dass die Frage vielmehr sei: »Was könnte denn *nicht* mit Fontane zu tun haben?«

So erweitert sich das Bewusstsein mit der Droge Fontane und Kuttner greift in diesem Sinne gleich noch einmal in die Tüte. Der dickste Reiseratgeber zu New York City messe etwa 800 Seiten, aber was bitte sei das schon, wenn man bei Fontane sehe, dass von der Mark in weniger als fünf Bänden praktisch nicht zu erzählen sei? Schon dieser Vergleich zeige, dass Fontane »einen Blick« gehabt haben müsse, einen Blick, der das Kleine und Unscheinbare genauso gefunden habe und nicht nur das für alle Offensichtliche. Kuttner beginnt nun zu flippern, vor und zurück, in allen Dimensionen des Denkens und weil mir der Kopf längst brummt, trete ich hinaus aus der Kirche und suche eine Prozession zum lockeren Auslaufen.

Schon am Nachmittag war ein Hauch von Hameln in der Stadt zu spüren gewesen, eine große wulstige Puppe Fontanes war durch die Straßen gezogen, immer mehr Pilger hatten sich ihr angeschlossen, 200 waren es bald gewesen. So wie man beim Quempassingen den Sternenträger sehen kann, so war in der Prozession eine goldene Birne im Sonnenkreis auf einem Stab vorneweg getragen worden und nun, in sich vertiefender Nacht, ist ein treuer Rest der Prozessionsoptimierten für eine Arbeitsprobe noch einmal zum Schulplatz gekommen. In dessen Mitte steht Frank Matthus, Künstlerischer Leiter der Kammeroper Schloss Rheinsberg, er inszeniert an dieser Stelle im großen Fontane-Jahr »Effi in der Unterwelt«. Matthus steht da in Schwarz, ein Nick Cave von Neuruppin, ein Alchemist des darstellenden Spiels und er spricht in sein Mikrofon einen ersten Befehl: »von vorn«.

Nein, jetzt besser nicht von vorn, jetzt besser ins Bett, nicht overkilled, aber doch übergelaufen mit Eindrücken und auch mit Hochachtung für das heiße Bemüh'n, mit dem sie hier das pflegen, was moderne Menschen vielleicht einen Markenkern nennen würden und andere nicht weniger richtig einen Teil ihrer Identität. Das Bemühen um Fontane ist groß und ehrlich und es lässt, kurz vor dem Schlaf, noch einmal an den Morgen denken, an den literarischen Stadtführer Alexander Bandilla und an dessen Zitat aus den *Wanderungen,* in denen Theodor Fontane die nach ihm benannten Festspiele und seinen eigenen Nachruhm noch gar nicht erahnen konnte und es doch schon tat, irgendwie. Der Sandboden hier habe, schrieb Fontane über die Mark, »nicht allzu viel von solchen Legenden gezeitigt, und so müssen wir das Wenige werthalten, was überhaupt da ist.«

# Reisestreiflicht III

# Nie wieder Astra

Fontane schrieb: »Das Beste ist *fahren*; mit offenen Augen vom Coupé, vom Wagen, vom Boot, vom Fiacre aus die Dinge an sich vorüberziehen lassen, das ist das A und O des Reisens.« Ich habe kein Fiacre und schon gar kein Boot, zwischen meinem A und O des Reisens liegen heute nur ein U und ein T und als ich den Wagen an den Rand eines Feldes lenke, ist es bereits dunkel geworden. Im Auto zu übernachten, das klingt immer so abenteuerlich. In Wirklichkeit ist jede Nacht auf einer umgeklappten Rückbank ein kleiner Tod, mitten im Leben.

Ungemütlich wird es schon bei der Frage nach dem Spaltmaß. Ich halte Fenster und Türen stets geschlossen, ausgenommen die Scheibe vorne rechts. Sie lasse ich gerade so weit herunter, dass keine Erstickung droht, jedoch keinen Millimeter weiter. Was weiß denn ich, wer nachts im Spreewald so alles patrouillieren geht.

Am Morgen weiß ich es besser. Ein Regiment Krähen hinkt hausmeisterlich um mein Auto herum. In meinem Halbschlaf imaginiere ich ihnen Uniformen von Volkspolizisten aufs Gefieder. Für einen wundersamen Moment bin ich überzeugt, gleich werde eine der Vopo-Krähen aus dem zarten Tau aufsteigen und gegen das

Fenster hacken: »Gofferraum off!« Es sind sächsische Volkspolizistenkrähen, aber das ist ja klar.

Ein stechender Schmerz im unteren Rücken vertreibt alle Fantasie. Ein erstes Abtasten im Liegen ergibt: Das, worauf ich so unglücklich gelegen habe, ist mein Rücken selbst.

Der Morgen nach einer Nacht im Auto ähnelt dem nach einem harten Besäufnis. Am Anfang steht das heilige Versprechen: Nie wieder Astra. Nicht in kleinen braunen Flaschen und auch nicht als Los in der Leihwagenlotterie. Und dann? Eben.

Heute will ich den Schmerz schneller als sonst aus den Knochen schütteln, denn für heute habe ich mir vorgenommen, die Jugend wiederzufinden. Nicht meine eigene, das wäre vermessen. Aber die Jugend in Brandenburg, irgendwo muss es die ja geben.

Auf meinen bisherigen Wanderungen bin ich oft gar keinen Menschen begegnet. Wenn dann doch mal welche des Weges kamen, waren es oft Rentner. Gegen Rentner habe ich nichts, aber es ist ja eine Lüge, dass das Leben mit 66 Jahren anfange. Es fängt viel früher an. In einem Alter spätestens, in dem man vielleicht die *Tagesschau* versteht, aber garantiert nicht den Werbeblock davor. Dort scheint allen immer alles furchtbar wehzutun, bis sie irgend so ein *Morbusin forte* in die Finger bekommen. Seitdem sind sie zwar heftig am Abkapseln, aber auch bester Laune.

Diese kommt mir gleich wieder abhanden, denn auf meiner Suche nach der Jugend laufe ich zunächst in ein

Begräbnis. In einem kleinen Café in Luckau trauerfeiert eine Hundertschaft den Pastor. Dieser ist – kann man so sagen? – zu seinem Dienstherrn gezogen. Die Feier zu seinen Ehren ist jedoch recht fröhlich und feucht, und es sind keine Tränen, die fließen. Ich setze mich an einen der Tische und stottere ein paar Sätze camouflierenden Unsinn zusammen, Anfang und Ende, Alter und Jugend, ja, und ich wüsste jedenfalls gerne, wo ich hier, in der Region, heute noch etwas Nachtleben finden könne?

»Schwierig«, sagt die Erste, gar nichts der Zweite.

»Die jungen Leute sind alle weg«, sagt eine Dritte und jetzt erst fällt mir das Schild am Eingang des Cafés auf: Geschlossene Gesellschaft. Wird man so ein Schild in ein paar Jahren auch neben die A13 stellen, an der Landesgrenze zu Brandenburg? Immerhin nennt die Dritte noch das Stichwort »Reiterball«, der werde am Abend von der Jugend in der Gemeinde Werben im Spreewald organisiert.

Good Vibrations

Komisches Gefühl, wenn die erste Frage nach dem Aufstehen lautet: Wo bin ich und wenn ja, wie viele?

In meinem Kopf scheint ein Lkw gewendet zu haben. Erstes Blinzeln aus verklebten Augen bringt nur weitere Fragen: Warum liegt da eine nackte Frau aus Plüsch in der Ecke des Zimmers? Habe ich eine gemeinsame Vergangenheit mit der leeren Schnapsflasche neben dem Bett? Wie cool ist das denn bitte, dass ich in frottierter Pferdebettwäsche übernachtet habe? Ich mein, Pferdebettwäsche!

Bei diesem Stichwort glimmt in meinem Brummischädel eine Synapse, immerhin. Gestern war doch Reiterball, in Werben im Spreewald, weißt du noch? Da warst du doch hingefahren und hattest nachmittags am Festgelände vorbeigeschaut.

Die Jungs hatten dir gleich ein Bier angeboten, du hattest ja gesagt, warum auch nicht. Troppi hatte schon beim Anstoßen gesagt, du könntest bei ihm im Gästezimmer übernachten. Ihr wart am frühen Abend zusammen losgezogen, zum Vorglühen bei Freunden. Als der Ball begonnen hatte, warst du schon ziemlich angezündet gewesen, mit sechs oder sieben Bier in der Lampe. Du hattest vor den Jungs deswegen gleich lallend behauptet, unter wirklich gar keinen Umständen Schnaps trinken zu wollen.

Dann hattest du Schnaps getrunken.

Die Mission Wiedergeburt beginnt noch vor dem Aufstehen. Ich wühle in meiner Tasche und bekomme einen kleinen weißen Zeppelin zu greifen, auf ihm ruht nun all meine Hoffnung. Das Modell Ibu600. Noch immer der Marktführer in der Kategorie Morgengrauen.

Im Nachbarzimmer, das höre ich jetzt, steht Ähnliches auf dem Wunschzettel.

»Daaaaaaniel«, klagt eine Frauenstimme. »Wo sind denn die Aspirin?«

Es rumpelt ein wenig, eine Flasche zischt. Dieselbe Frauenstimme klagt erneut:

»Is mir schlecht. Oh mein Gott, is mir schlecht. Mir is so dermaßen schlecht.«

Ich richte mich auf, einundzwanzig, zweiundzwanzig. Ich stelle mich neben das Bett, dreiundzwanzig, vierundzwanzig. Ich mache ein paar tastende Schritte Richtung Tür. Mittelgute Idee. Vor ein paar Stunden habe ich noch ein- und ausladend getanzt. Jetzt treffe ich beim Gehen kaum den Boden. Die Nacht ist ein Dieb, aber einer, von dem ich mich immer wieder gerne bestehlen lasse. Selbst wenn er manchmal mehr mitnimmt als nur den nächsten Morgen.

Fünfundzwanzig, sechsundzwanzig. Ich verlasse das Zimmer und biege nach rechts. Aus dem Bad blechern die Beach Boys: *Good Vibrations*. Lügenbässe. Noch einmal abbiegen, in die Küche, dort steht ein Tisch. Hinsetzen. Sehr gute Idee.

Die klagende Frauenstimme ist erneut zu hören, sie kommt näher, dann steht Lisa in der Tür. Ein gebücktes Elend in einer blütenweißen Trikotage aus Trachten. Lisa, so funkt es mir eine zweite Synapse auf Langwelle, ist Kindergärtnerin und die Freundin von Troppi. Sie will nun ein Versprechen einlösen, gegen jede Vernunft.

In der Nacht hatte sie von ihrem Heimatdorf Straupitz geschwärmt und vom Straupitzer Leinöl. Dieses sei, und so viel hätte ich ja sicher schon gehört, das allerbeste im gesamten Spreewald. Ich müsse es also unbedingt probieren und deswegen werde sie am Morgen unter wirklich allen Umständen Kartoffeln mit Quark und Leinöl zubereiten, so sei es hier schließlich Brauch.

Weil ein Wort auf dem Dorf und besonders hier mehr gilt als anderswo, beginnt Lisa nun tatsächlich, in den Unterschränken ihrer Einbauküche herumzurumpeln. Sie stellt einen Topf auf den Herd, schält ein paar Kartoffeln, setzt diese an. Sie stützt sich auf die Arbeitsplatte, kleine Pause. Größere Pause. Tiefes Durchatmen. Ablassen vom Abstützen. Leichtes Schwanken. Besser doch wieder abstützen. Kleine Pause. Größere Pause. Tiefes Durchatmen. Stöhnen, klagend.

*Troppi:* »Geht es dir gut?«

Keine Antwort. Aus dem Badezimmer: Weitere Vibrations.

*Lisa, in Schmerz gefangen:* »Ahhhhhhhh. Aua.«
*Troppi:* »Oh, oh, dit klingt nich jut.«

Stille.

*Troppi:* »Wird's besser?«
*Lisa, geschlagen:* »Weiß ich nicht.«

Troppis äußerliche Frische hingegen ist erstaunlich. Und sie trügt. Troppi hat selbst schon einen Zeppelin geworfen. Und er berichtet, dass mit seiner Anwesenheit hier, am Küchentisch, bis vor Kurzem noch nicht zu rechnen gewesen sei. Gegen 6 Uhr sei er das erste Mal aufgewacht, allerdings nicht im Schlafzimmer nebenan, sondern in der Waschküche seiner Eltern. Er habe daraufhin sofort Lisa angerufen und sie gefragt, warum er nicht daheim und neben ihr im Bett liege. Lisa habe auf diese Frage zu seiner Überraschung keine Antwort gewusst.

So berichtet es Troppi, und zwar in einer Beiläufigkeit, als wäre etwas ganz Selbstverständliches geschehen, als hätte er beim Einkaufen die Milch vergessen. Es ist eine Beiläufigkeit, die mir bewusst macht, wie sehr das Dorf mich schon in dieser ersten Nacht verschlungen hat. Mit seiner Herzlichkeit vor allem. Aber auch mit seiner Maßlosigkeit. Ich kenne Lisa und Troppi und die anderen noch keinen Tag, aber jetzt sitzen wir hier, wie langjährige Freunde. Wir sitzen beieinander, verkatert, und erzählen uns Heldengeschichten einer wilden Nacht. Wie wunderbar das eigentlich ist! Müsste ich mich dabei nicht krümmen und hinge ich nicht an der Kante des Tisches wie ein Batzen alter Knetmasse. Kann ich bitte ein Wasser haben? Danke, Troppi.

Troppis Heldengeschichte endet mit einer schlichten Gegenfrage: Was, bitte, wisse ich denn noch von meinem Heimweg?

Im Grunde nur, dass Lisa irgendwann losgezogen war und ich in ihrem Schlepptau. Und auch, dass ich unterwegs noch einmal an Fontane hatte denken müssen, der in seinen knappen Notizen aus dem Spreewald ziemlich nebulös einen »vom Frühlicht umglühten Kirchturm« erwähnt. Wer weiß, vielleicht war er ja auch nur trinken gewesen?

Jedenfalls hatte ich auf dem Heimweg angehalten, am Spritzenhaus der Feuerwehr. Groß und leuchtend hatte es in den Nachthimmel geragt, umglüht von einer Lichterkette. Ich hatte mich hingesetzt und mir ein Auge zugehalten, um die Birnen der Kette abzuzählen. Warum, das war egal gewesen, und auch, dass ich mich wieder und wieder verzählte. Jetzt, da ich diesen nicht gerissenen Teil des Films noch einmal abspiele, denke ich nicht mehr an Fontane und nicht mehr an die Feuerwehr. Nur noch an Artikel 1, Grundgesetz, erster Satz.

Die Kartoffeln sind fertig. Der Quark kommt von Milram, das Leinöl aus Straupitz, der Appetit nicht von selbst. Die Höflichkeit leert den Teller, aber meine kleine Freude darüber wird von einem sachten Klirren vertrieben. Troppi hat zwei Schnapsgläser herangeschafft. Auf beiden steht »Freund« eingraviert. Troppis Gesicht leuchtet, als er eines der Gläser über den Tisch zu mir herüberschiebt. Er erinnert an ein zweites Versprechen der Nacht, an einen zweiten Unsinn, den wir unter großen Gesten besiegelt haben. 2 cl

Leinöl, auf Ex. Ich sträube mich, Troppi lässt nicht locker:

»Komm schon, Theodor!«

Ach, das war ja auch noch. Die Dorfjugend in Werben nennt mich Theodor. Das kam so: Beim Aufbau des Festgeländes hatte ich versucht, mir die Namen der beteiligten Männer einzuprägen. Namen, das bedeutet in Werben fast immer: Spitznamen. Es gibt Patti und Fabi, Troppi, Wiesi, Grabschi und so weiter und so forti. Der Kern der Dorfjugend befindet sich in den frühen oder mittleren Zwanzigern. Das i am Ende der Spitznamen ist den meisten länger geblieben als die erste richtige Freundin. Ich hatte dieses i gleich irgendwie schön gefunden und auch symbolisch. Denn i-Menschen sind doch nicht nur in ihrem Schriftverlauf das Gegenteil von konzeptkalter Massenware wie bei Apple. So ein i hinten, das ist das Gegenteil von einem i vorne. Ein i hinten, das heißt: Einzelstück, Original. Geliebt und bedeutsam im Mikrokosmos der Heimat, angenehm unsichtbar im Globalen.

Zu diesen i-Menschen war ich als Neozooni gekommen. Als eine neue Art, die plötzlich und zufällig in Werben aufgeschlagen war und nun am Sozialleben teilzunehmen versuchte. Meine Strategie war es gewesen, zunächst den Mund zu halten und ihn nur für ein paar Schluck Bier ab und an zu öffnen. Zuhören, verstehen, ankommen. Aber irgendwann hatten sich alle i-Menschen sehr freundlich vorgestellt und Wiesi in meine Richtung geschaut.

*Wiesi:* »Wat isn nu dein Spitzname, Conni oder Nelli, wat willste denn haben?«
*Ich:* »Conni ist in Ordnung, Nelli wär nich so geil.«
*Wiesi:* »Alles klar, Nelli.«

Alle hatten gelacht, na klar, ich ja auch. Und wenn in Werben etwas schnell zu begreifen war, dann dass Härte und Herzlichkeit einander auf keinen Fall ausschließen. Nach ein paar Runden Nelli jedenfalls war mir von Fabi ein Friedensangebot unterbreitet worden. Ich hatte ihm ein wenig von Fontane erzählt und davon, dass dieser bei den Spreewäldern staunend ein »Aufrechtstehen« und ein »beständiges Anspannen all ihrer Kräfte« beobachtet hatte. Ich hatte Fabi erzählt, dass Fontane überzeugt gewesen war, dieses Anspannen gebe den Leuten »eine Haltung und Straffheit«, die man in den allermeisten anderen Dörfern der Mark lange suchen könne. Fabi hatte die Zeilen ein wenig auf sich wirken lassen und dann beschlossen, dass sie ihm gefielen. Wir hatten ein weiteres Bier zusammen getrunken und das Aufrechtstehen an der improvisierten Theke geprobt, unter beständigem Anspannen all unserer Kräfte und durchaus erfolgreich. Tja, und irgendwann hatte Fabi seinen Arm um mich gelegt und gesagt, Mensch, Theodor, schön, dass du da bist. Und ab da war ich eben Theodor gewesen.

Troppi lässt Öl in die beiden Schnapsgläser laufen und erhöht sein Angebot damit noch einmal sichtbar. Ein doppelter Leinöl-Shot für jeden. Ich sage, es tue mir ausgesprochen leid, aber ich könne das jetzt wirklich nicht trinken. Doch doch, sagt Troppi, das könne ich. Im Übrigen sei so ein Glas Leinöl eine hervorragende Grundlage für den Tag, an dem ja – so viel könne ich mir sicher denken – wieder reichlich getrunken werde. Ich verspreche ihm und vor allem mir, dass ich heute garantiert keinen Alkohol trinken würde. Dann stoßen wir an. Auf Straupitz, auf Werben, auf die Freundschaft.

Auf geht's. Heute Vormittag soll es einen Festumzug geben mit Blaskapelle und Reitern und Frauen in Trachten. So eine Tracht kauft man nicht einfach bei H&M und zieht sie über wie eine Jeans. Lisa hatte ein Jahr warten und mehr als 2000 Euro in die Hand nehmen müssen, bis sie von einer Trachtenschneiderin ihre Kleider bekam. Mehr als zehn Lagen wird sie nachher tragen, mehr als 80 Stecknadeln halten allein ihre Haube zusammen. Schon als wir den vielen Stoff zum Auto bringen, verstehe ich Fontane besser, der über diese Trachten schrieb, er fühle sich der Aufgabe nicht gewachsen, »in jedem Einzelpunkte das Spezielle darin nachzuweisen«. Ganz bestimmt war er hier auch nur trinken gewesen.

Ich fühle mich schon der kleineren Aufgabe kaum gewachsen, jetzt in einem Auto durch die Gegend gefahren zu werden. Zum Glück erreichen wir zügig das Haus der Familie Bandmann. Dort ist Lisa mit ihrer Freundin Elisabeth zum Ankleiden verabredet. Am Tisch sitzen neben den beiden auch Elisabeths Eltern sowie Olli Bandmann. Die Eltern waren gestern ebenfalls beim Reiterball und Olli Bandmann scheint der Einzige in der Runde zu sein, der heute Morgen ohne Kopfschmerzen aufgewacht ist. Könnte daran liegen, dass er ein Golden Retriever ist. Als richtiger Familienhund hat er nicht nur einen Vornamen bekommen, sondern den Nachnamen der Familie gleich dazu. Was für eine schöne Idee.

»Nur Leichen hier, is ja unglaublich«, sagt Vater Bandmann. Auf meine hilflose Frage, ob »das« hier im Dorf »immer« so sei, bekomme ich einen prüfenden Blick seiner Frau. Sie sagt:

»Wir kennen uns so auch nicht.« Die, die es schon wieder können, lachen.

Mutter Bandmann legt Hand an, und zwar an Lisa. Sie wickelt und faltet und zupft fast eine halbe Stunde an ihr herum. In jedem Einzelpunkte das Spezielle darin nach-zuweisen, wäre wirklich unmöglich. Um die Bedeutung der Tracht zu verstehen, genügt aber vielleicht schon ein Blick auf die beiden schweren Truhen am Ende der riesi-gen Wohnküche. Darin, sagt Frau Bandmann, liege die Tracht der Großmutter und es sei wendischer Brauch, diese Trachten in der Familie weiterzugeben und zu ver-erben. Elisabeth aber trachtet nach ihrem Bett: Migräne. Sie bleibt daheim, gibt Lisa jedoch noch einen Rat mit auf den Weg: »Nicht vergessen: Erste Regel, halt den Pegel!« Lisa winkt ab, oh mein Gott is ihr schlecht, ihr is ja so dermaßen schlecht. Dann gehen wir los, zum Festumzug.

Als Treffpunkt ist eine Bushaltestelle bestimmt wor-den, wir sind das erste Mal an diesem Vormittag früh dran. Wie bei einem Flashmob kommen aus allen Win-keln nun immer mehr Menschen herangeschlurft, Reiter und Feuerwehrleute, Blaskapellenmusiker und Frauen in Trachten. Ich lehne mich an die angenehm kühle

Stange des Haltestellenschildes und frage mich, warum ich keine Sonnenbrille dabeihabe. Aua.

»Leute, ich war voll wie ein Pisstopf«, begrüßt Lisa ihre Freundinnen. Als Antwort bekommt sie einen Kurzen gereicht.

Dann kommt Wiesi des Weges, als Vollprofi trägt er nicht nur seine Feuerwehruniform, sondern vor allem eine sehr große Fliegersonnenbrille.

*Ich:* »Hallo Wiesi.«

*Wiesi:* »Tach. Sag mal, wo isn der Rest von mir?«

*Ich:* »Wie bitte?«

*Wiesi, nachsichtig:* »Ist schon gut, Theodor. Werd erst mal wach.«

*Ich:* »Wir ham gestern ganz schön was weggeschafft, oder?«

*Wiesi:* »Logisch, wir hatten alle drei acht im Kessel, ist doch klar bei so 'ner Veranstaltung …«

*Ich:* »Und jetzt?«

*Wiesi:* »Guck dich mal um. So schlecht ging's dem deutschen Mittelstand noch nie!«

Ausgenommen vielleicht Patti. Der kommt funktionsfrisch wie aus der Werkstatt herangezogen und strahlt mich an.

»Na Theodor, hab ick zu viel versprochen?«

»Mensch, Patti«, sage ich, »eher zu wenig. War ein herausragender Abend gestern. Aber …«

Patti unterbricht mich freundlich. Ich solle mich jetzt besser zusammenreißen, der Höhepunkt stehe schließlich noch bevor.

Hat er auch wieder recht. So wie zum Reiterball das Vorglühen gehört hatte, so ist auch der Festumzug nur ein Auftakt zum Eigentlichen. Das traditionelle Hahnrupfen steht an und dafür braucht es, na klar, einen Hahn und welche, die ihn rupfen. Der Hahn ist bereits da, sponsored by: einem Dorfbewohner. Der Hahn ist da, er ist, hohen Alters, am Morgen aus dem Leben befördert worden, jetzt baumelt er kopfüber an einem Traktor.

Die, die rupfen werden, reiten auf Pferden. Der Reiterhof Jerol hat ein paar Tiere abgeordnet, Patti zeigt sie mir und spricht von ihnen wie von abgerichteten Kampfhunden:

»Die sind heiß wie Frittenfett, die haben heute früh noch Hafer bekommen, das ist für die, wie wenn wir 'nen Energydrink nehmen.«

Von klein auf, sagt Patti, werde mit den Pferden das Reiten fürs Hahnrupfen trainiert. Ich meine, den Tieren ihre Tatengier wirklich ansehen zu können, so gespannt und unbändig sabbernd sie hier an der Haltestelle stehen, so voller energetischer Unruhe.

Der Zug setzt sich in Bewegung, die Blaskapelle donnert vorneweg. Das wäre nun die Gelegenheit, körperlich und geistig so langsam in diesem Tag anzukommen. Ich laufe also mit, neben dem Zug, neben dem Beat. Und ich staune mal wieder mehr über das Drumherum als über das Eigentliche, den Umzug. Entlang der Strecke nämlich stehen Gartenzaungäste vor ihren Eigenheimen. Fast alle haben ganz selbstverständlich schon wieder ein Bier in der Hand.

Während ganz Werben routiniert den Reiterball wegkontert, versuche ich es an der Dorfaue mit einer doppelten Portion Vanille-Schoko von »Detlef's Eismobil«. Alles auf Zucker. Und das Gute am Hahnrupfen ist ja, dass es sich auch im Energiesparmodus einigermaßen nachvollziehen lässt.

In aller Würzkürze: An der Dorfaue steht eine sehr große Reiterpforte, ein mit raschelndem Blattgrün girlandierter Torbogen. Von dessen Spitze baumelt der wie gesagt tote Hahn, neben ihm hängen an weiteren Stricken Taschentücher, Möhren und anderer Kleinkram. Trostpreise. Der Torbogen ist Teil eines Parcours. Die Reiter durchjagen diesen Parcours Runde für Runde und versuchen dabei, dem Hahn den Kopf abzureißen. Herrlichstes Mittelalter, einerseits. Aber vor allem eben eine Tradition, ein Pixel dessen, was in diesem Land immer wieder als kultureller Reichtum bezeichnet wird. So ein Pixel gefällt nicht jedem, die Grünen zum Beispiel schimpften vor ein paar Tagen in der lokalen Presse, Tierquälerei. Sie empfahlen, Werben könne statt des echten Hahns doch einen aus Gummi verwenden und so den Brauch modernisieren. Das stimmt natürlich, und warum nicht gleich die Pferde auch noch weglassen und stattdessen das Fahrrad nehmen?

Im Internet hatte es wegen der Kritik der Grünen einen kleinen Wirbel gegeben. Vielleicht hätte ich den sogar nachvollzogen, wäre ich zu Hause geblieben. Hähnen den Kopf abzureißen, das klingt nicht nach 21. Jahrhundert und auch nicht nach kulturellem Reichtum. Es klingt nach einem Ritus, nach etwas heidnisch Okkultem, dem man besser nur schwarz-weiß und als Zeichnung in einer Ortschronik begegnet. Aber jetzt bin ich eben hingefahren und sitze hier, mit meinem Eis, und denke: Mensch, ist doch nett.

Dass ich überhaupt wieder denken kann, ist ja schon mal eine gute Nachricht. Und wenn ich auch zugestehen muss, dass es aus Sicht des Hahns kein im engeren Sinne guter Tag geworden ist, so lässt sich hier doch so viel mehr sehen: An einem brüllend heißen Sonntag sind in einem fernen Winkel des Landes viele Menschen zusammengekommen, um sich gemeinsam einer Sache zu widmen.

Urteile können sich ändern, wenn man Dinge nicht nur aus der Ferne und in Eile betrachtet. Wenn man stattdessen dabei ist, mit Zeit, mit Aufmerksamkeit. Mit jeder weiteren Runde auf der Dorfaue sehe ich weniger den armen Hahn und mehr die sportliche Leistung der rupfenden Reiter. Markus mit K auf Cora mit C gelingt schließlich ein beherzter Zugriff, Platz eins. Markus mit K ist damit Erntekönig und als er nach der Siegerehrung an mir vorbeiläuft, schaue ich ihn ehrfürchtig an – weil er einen Wettbewerb gewonnen hat, von dessen Existenz ich gestern noch nichts wusste. Und weil dieser Wettbewerb hier die Leitwährung ist. Es könnte jetzt ein Oscar-Gewinner vorbeikommen oder eine Nobelpreisträgerin – sie stünden im Schatten von Markus mit K, weil der Markus mit K soeben das Hahnrupfen gewonnen hat.

Vermutlich stünden sie sogar gerne im Schatten des Erntekönigs. Die Sonne sengt schon wieder säuisch. Ich laufe von der Dorfaue zur schattigen Festwiese, dort steht eine Kaffeetafel.

»Ich hab schon viel von dir gehört!«, sagt eine mir unbekannte Frau gegenüber.

»Das ist schlecht«, sage ich. Wir kommen trotzdem ins Gespräch, andere Werbener setzen sich zu uns und es ist gleich wieder so nett, dass ich mich nach den Immobilienpreisen der unmittelbaren Umgebung erkundigen möchte.

Diese seien seit Jahren so stabil wie die Zahl der 1762 Einwohner, sagt ein Mann. Das sei ein Grund zur Freude, natürlich, aber Freude gebe es selten ohne Risiko. In Werben ist es so, dass die Preise stabil sind, weil viele Leute ordentlich verdienen und die allermeisten tun dies bei der LEAG, dem Energiegroßversorger. Bange Frage: Wenn die Braunkohle mal nicht mehr ist, was ist dann mit den Jobs, was mit den Häusern, was mit der Zukunft von Werben? Niemand weiß das. Wie an so vielen Enden dieses Landes trübt sich auch in Werben die Gegenwartszufriedenheit mit nicht geringen Sorgen. Diese Sorgen keimen überall, im Streit um die Braunkohle in Berlin, aber auch in der Feststellung, dass das Hahnrupfen dieses Mal nur von sechs Frauen in Trachten begleitet wurde und nicht von 20 oder 30. Geht es bergab, mit allem?

Ganz bestimmt, sagt ein älterer Mann, aber wenn man daran einmal nicht denken sollte, dann ja wohl heute.


Von der Bar am Bierwagen wehen auch schon wieder heitere Töne heran.

»Theodor, komm mal!«, ruft Patti. Er will mir Puschel vorstellen, von dem gestern schon viel die Rede war, wie mir eine weitere erwachende Synapse freundlich mitteilt. Puschel hat als Dachdecker lange in der Schweiz gearbeitet, seit zwei Wochen lebt er wieder in Werben. Sehnsucht nach Heimat, Sehnsucht nach Freunden. Bei diesen ist der stotternde Puschel noch immer legendär für einen außerordentlich hohen Gewinn am Grill bei einem Fest vor einigen Jahren. Die Bratwurst kostete damals wie heute 1,50 Euro und Puschel sagte also auf jede Bestellung: »Macht eins fuff', fff, eins fuff' – macht zwei Euro«, und die Leute gaben zwei Euro.

Um Puschel herum erwächst nun ein verbales Werben für Werben aus vielen Mündern, eine Liebeserklärung übertrifft die nächste. Ein i-Mensch sagt, er wolle nirgendwo sonst auf der Welt leben, ja, er könne sich nicht einmal vorstellen, in einen Nachbarort zu ziehen, nach Müschen oder so. Müschen impossible. Ein zweiter i-Mensch erzählt, für seine Eltern hier da zu sein in deren Alter, das sei eine noble Pflicht und diese für ihn nicht verhandelbar. Ein dritter i-Mensch berichtet, er wolle hier im Ort auch einmal Verantwortung für andere übernehmen, als Bürgermeister oder so. Schon jetzt finde er es unendlich spannend zu beobachten, wie so eine Gemeinschaft funktioniere. Erst, wenn es Probleme gebe, lerne man diese Gemeinschaft wirklich kennen. So lange alles glatt laufe, erfahre man nichts über die Menschen. Und so sehr er sich theoretisch vorstellen könne, woanders zu Hause zu sein – so wirklich richtig zu Hause, so werde er sich sein Leben lang nur hier fühlen können.

Die Stimmung rutscht nach oben, ins Feierliche, und ohne es zu merken, habe auch ich auf einmal wieder ein Bier in der Hand und einen Arm auf der Schulter. Sotzi hat sich herangeschlichen, er prostet mir zu und sagt:

»So, Theodor, und jetzt saufen wir mal richtig. Gestern, das war ja Spinnerei.«

Ich schlucke – und dann trinke auch ich. Hoffentlich hält das Straupitzer Leinöl, was Troppi versprochen hat.

Als Sotzi und ich mit dem zweiten Bier anstoßen, ruft der einzige e-Mensch Konne ihm zu:

»Ey, mach mir unsern Schriftsteller nich kaputt!«

Beim dritten Bier steht Opi Bandmann mit in der Runde und befiehlt mir die sofortige Migration nach Werben:

»Du musst dir nur noch ein Täubchen schießen, aber wir haben wirklich 'n jutes Anjebot hier.«

Ich summe inzwischen schon wieder jeden Song mit, und sei es einer der Münchner Freiheit. Patti ist vom Summen schon zum Singen übergegangen, beim Refrain hebt er seinen Becher mit dem Bier-Brause-Gemisch namens Potsi und himmelt ihn an:

»Das, was ich will, bist du.«


Die vorangegangene Nacht ist noch längst nicht aus meinem System verschwunden, da nimmt der Tag nun zügig Fahrt auf. Keine Ahnung, wie die folgenden Stunden zu schaffen sein sollen – noch weniger Ahnung, wie die i-Clique das Programm dieser Tage bewältigt. Seit Donnerstag, ist zu erfahren, werde im Grunde durchgetrunken. Zwei Tage Aufbau des Festes – »das macht ja ohne Bier nun ooch keene Laune«. Gestern der Ball – eh klar. Heute das Hahnrupfen – muss man ja ausklingen lassen. Morgen der Abbau – »jibt es traditionell nur mit Frühschoppen.«

Gelernt ist gelernt und ausnahmslos alle Anekdoten, die jetzt die Runde machen, schäumen und prickeln in jedem Satz. Sotzi erzählt, zur Fastnacht hätten sie einmal eine schwere Simson S50 über die Schwelle in den Billard- und Tischtennisraum am Sportplatz gewuchtet und seien damit zwischen den Tischen herumgeschleudert. Die Kellnerinnen hätten die Hände über dem Kopf zusammengeschlagen, aber das Moped drehte weiter Runden. Wiederum montags, so sei es Brauch, werde Kleiner Feigling getrunken. Vor Jahren hätten sie an nur einem Tag auf diese Weise eine dieser grauen Mülltonnen randvoll mit neuem Altglas bekommen. Ein anderes Mal, so geht eine Räuberpistole, hätten Bleierne nach einer durchzechten Nacht sogar einen Chauffeur organisiert und eine Fahrgemeinschaft gebildet – alle zum Arzt, alle Schein holen, alle wieder nach Hause und ab ins Bett.

Es läuft »Extreme« von Roland Kaiser, ich untermale mein Playback mit übertriebenen Schlagermoves. Es folgt »Komplett im Arsch« von Feine Sahne Fischfilet, eine Art letzte Mahnung. Patti steht da schon mit Schnaps neben mir.

*Ich:* »Och Patti, bitte nicht.«
*Patti:* »Mensch, Theodor, stell dir einfach vor, es ist Samstag!«
*Ich, ehrlich verwirrt:* »Ist es nicht?«
*Patti:* »Jenau dit meine ich. Und jetzt stell dir vor, du bist hier anjekettet.«

Die gute Nachricht ist, dass ich an diesem Samstag, der offenbar ein Sonntag ist, vielleicht ja aber auch schon September, die gute Nachricht jedenfalls ist, dass ich zwei Stunden später ein Downgrade zurück zum Bier geschafft habe. Die schlechte Nachricht ist, dass ich es mir jetzt aus dem Hahn direkt in den Mund zapfe. Fabi hat mich auf den Bierwagen gewunken. Die Abendkasse ist inzwischen geschlossen worden, jetzt vernichten alle frei Haus die Reste. Von denen gibt es so viele, dass schon der Begriff eine Lüge ist. Ein Säuphemismus.

Mit fast hündischem Frohsinn bin ich also auf Fabis Winken hin auf den Bierwagen geklettert, jetzt liegt mein Kopf unter dem Zapfhahn und alles steht still, für eine ewige Sekunde.

Was passiert, in dieser Sekunde? Es ist wie eine Nahtoderfahrung, mit der Gewissheit allerdings, nicht wirklich zu sterben. Der Rausch rauscht noch einmal an mir vorbei. Ein Wundern wärmt mich, als ich mir bewusst mache, was dieses Land an Abenteuer im Alltag so zu bieten hat. Ich bin mit nichts hergefahren als einer Telefonnummer, der von Troppi, dem Kulturleiter im Ort. Wahnsinn hat sich entfaltet, in alle Richtungen. Der Ball, das Tanzen, die Nacht, der Feuerwehrturm. Die Trachten, der Umzug, das Rupfen, nach dem der Hahn dann noch ein paar Stunden kopflos am Tresen herumgelegen hat, zwischen einer Packung Konfetti, einer Tube Senf und ein paar Bechern Potsi. Noch mehr als der wunderbare Wahnsinn selbst wärmt die schnelle Gewöhnung daran, das Gefühl, hier mit der Dorfjugend sofort eine menschliche Mitte gefunden zu haben und sei es auch eine auf Zeit.

Dankbarkeit schäumt in mir, aber nicht nur die, das merke ich ganz deutlich an meinen Wangen. Kalt läuft es dort herunter und in den Nacken hinein, eine Moräne aus Schaum schiebt sich über die Oberlippe Richtung Nase. Beerboarding, die Luft wird knapp. Ich tippe den Zapfhahn wieder auf Null, drehe den Kopf unter dem Hahn hervor und stehe mit dicken Backen wie in Kirby's Dream Land. Da kommt Lena zurück, die schöne Lena mit der rauchigen Stimme, die den Bierwagen regiert hat bis zum Ausbruch der Anarchie. Tut mir leid, Lena, dass ich deinen Hahn, also – na ja, tut mir leid. Sie: »Du, ist nicht schlimm, bist schon der Dritte.«

Wir werden unterbrochen von Troppi, der inzwischen offenbar als eine Art Promille-Prokurist für mich auftritt und vor dem Bierwagen gerade den nächsten Unfug vereinbart hat.

»Theodor, halt dir schon mal das Weihnachten vor Wochenende frei, ja?«, ruft Troppi und teleprostet mir zu. Geht klar, Troppi, rufe ich und teleproste zurück.

Der alte Mann ohne das Meer

Normalerweise ist es so, dass Dinge erst passieren müssen, um danach in der Zeitung stehen zu können. Manchmal ist es aber auch so, dass erst etwas in der Zeitung steht und nur deswegen überhaupt etwas passiert. So ist es gewesen mit mir und Rudi.

Irgendwann zu Beginn dieses wunderbaren Sommers hatte ich geräuschlos in der Zeitung geblättert, in der Digitalausgabe der *Märkischen Allgemeinen*. Beim Blättern war ich hängen geblieben, so, wie man beim Zappen manchmal bei *RTL II* hängen bleibt. Die Kleinanzeigen sind vielleicht nicht das *RTL II* der Zeitung, aber ganz bestimmt auch nicht *Arte*. Fisch sucht Fahrrad, Hund sucht Herrchen, vermögender Oberstudienrat sucht nichtrauchende Sie, gerne jünger, am liebsten: sehr jung, und natürlich nur für, haha: »gemeinsame Spaziergänge«.

In diesem Dickicht des Menschlichen und Zwischenmenschlichen jedenfalls war mir eine Annonce aufgefallen, die traurig geklungen hatte: »Alter Segelfahrt-Kapitän sucht für seine sonst ausfähige Yacht eine sportliche Besatzung als Hilfe.« Daneben stand noch eine Telefonnummer. Kurzentschluss: Anrufen. Ich wählte, es klingelte drei Mal – dann nahm jemand ab.

*Rudi:* »Ja, bitte?«

*Ich:* »Guten Tag, Pollmer mein Name. Ich habe gerade Ihre Annonce in der Zeitung gelesen.«

*Rudi:* »Ach.«

*Ich:* »Ja, genau, und jetzt wollte ich fragen, ob ich einfach mal bei Ihnen vorbeikommen kann. Gibt es denn das Schiff noch?«

*Rudi:* »Wissen Sie, ich bin fast 90 Jahre alt, aber ich hab jetzt trotzdem wieder viel gemacht an meinem Schiff. Ich muss das ja machen.«

*Ich:* »Sie müssen das machen?«

*Rudi:* »Ja, denn wenn ich mal kein Schiff mehr habe, dann habe ich kein Herz mehr.«

*Ich:* »Aber dann ist ja gut, wenn Sie da noch so viel machen können.«

*Rudi:* »Wissen Sie, das Blöde ist nur, ich komm nicht mehr rauf und nicht mehr runter, da brauche ich eine kräftige Hand. Aber wer soll mir die reichen? Meine Kinder sind zwar auch tüchtige Segler, aber die leben ja alle woanders.«

Eine kräftige Hand hatte sich Rudi zu Beginn dieses Sommers gewünscht, es klang, als meinte er eine tüchtige, am besten: eine seetüchtige. Nun ist es bei mir so, dass ich ein Segel- gerade so noch von einem Ruderboot unterscheiden kann. Aber schon bei Backbord und Steuerbord ist Ende Gelände im Kopf und wann immer in meinem Leben jemand bislang *ahoi!* rief, waren ein paar Tütchen Brausepulver genauso in Griffweite wie ein doppelter Wodka.

Nun stehe ich mit vielleicht kräftigen, aber nicht eben

tüchtigen Händen in Hermannswerder am Gartentor einer Datsche und wenn es in der Erzählung von Rudi bis hierhin ein wenig gedauert hat, dann hat das einen Grund, von dem die Rede noch sein soll.

Erinnerung ist ein flüchtiges Glück, aber manchmal schenkt sie einem Standbilder, die über Jahre nicht verblassen, als bunte Schätze im Depot des Erlebten. In meinem Depot lagern vier Bilder von Rudi. Das erste zeigt ihn, wie er auf das Gartentor zukommt, es ist ein Bild voller Leben und gleichzeitig ist da die Andeutung, dass zu diesem Leben auch das Ende gehört. Rudi kommt also durch die blühende Sommerfrische seines Gartens, es blüht so arg, dass das Gewächshaus ganz hinten links kaum zu sehen ist, gerade besser noch der Bauwagen vorne zum Weg hin. In seiner Rechten führt Rudi einen Gehstock, man sieht von Weitem schon den hohen Auflagedruck seiner Hand, man sieht, dass der Gehstock kein Accessoire ist, sondern Notwendigkeit. Man sieht an Rudis Gang diesen Widerstreit, in dem sich viele ältere Menschen mit ihrem Körper und mit ihrem Kopf befinden. Einerseits ist da der unbedingte Wunsch, an der bisherigen Normalität fest- und Eigenständigkeit aufrechtzuerhalten. Andererseits ist da die wachsende Einsicht, dass vieles nicht mehr geht, schließlich auch: das Gehen als solches.

Das zweite Standbild zeigt Rudi und mich auf gepolsterten Plastikstühlen vor seinem Gartenhaus. Rudi trägt ein gelbes Poloshirt, auf der linken Seite ist das Logo von *Adidas* eingestickt, auf der rechten der Schriftzug *Argus*, so heißt sein Schiff. Rudi wirkt selbst im Sitzen gebückt, als wäre der Wind abgeflaut und die Hoffnung auf eine neue Böe so langsam dahin. Bevor es zu *Argus* geht, will Rudi von seinem Leben erzählen, das im Wesentlichen ein sehr glückliches gewesen sei. Zwei große Lieben habe es darin gegeben und dann auch noch das unverschämte Glück, diese beiden Lieben verbinden zu können. Die erste Liebe, das war das Segeln und dank des Segelns sah Rudi viel mehr von der Welt und ihren Meeren als das Menschen in der DDR sonst möglich war. Er sah Frankreich, er sah Skandinavien, und er kam immer wieder zurück und brachte Sätze wie Ansichtskarten mit zu denen, für die der eiserne Vorhang blickdicht geschlossen blieb. Die zweite Liebe, das war seine Frau, mit der er Jahrzehnte lang die Kajüte teilte und der er noch immer ergeben ist, auch nach ihrem Tod.

Rudi erzählt von diesen zwei Lieben und von seinen Abenteuern und irgendwann schaut er säuerlich auf seine Beine hinunter und sagt, was sei all das denn aber wert, denn: »Es geht nicht mehr«. Die Beine werden tatterig, jeden Tag ein wenig mehr. Rudi sagt, er leide sehr darunter. Ich sage, dass ich das natürlich verstehen könne, nur, überwiege denn nicht die Dankbarkeit für fast 90 gute Jahre? Sei so späte Gebrechlichkeit nicht ein kleiner Preis für das riesige Geschenk fast allen Lebens davor? Rudi überlegt eine Weile, dann zuckt er mit den Schultern und es ist ein missmutiges, ein verzagendes Zucken. Nein, die Dankbarkeit überwiegt leider nicht.

Ist das so, muss das so sein: Dass das Leben noch so schön sein kann und am Ende ist man trotzdem hauptsächlich genervt, weil die Beine nicht mehr mitmachen?

Und ist es so, dass auf den Meeren nicht die Freiheit wartet, aus der Gelassenheit erwächst und die Einsicht, dass alles, was ist, auch gut ist? Sondern nur die Gier, immer noch weiter hinauszufahren und in immer noch neue Gefilde?

Im Flur von Rudis Gartenhäuschen hängt ein Plakat, darauf ist ein Spruch zu lesen: »Traue dich, die Küste aus den Augen zu verlieren, dann entdeckst du neue Welten.« So hat es der Kapitän Rudi Zeit seines Lebens gehalten und ich kann seine Säuernis verstehen, wenn ich versuche mir vorzustellen, wie es einmal seine Selbstverständlichkeit gewesen sein wird, raus aufs Meer zu fahren – und wenn ich dagegen sehe, wie er jetzt Mühe hat, auch nur den Hafen auf der Halbinsel Hermannswerder in Potsdam zu erreichen.

Genau dort fahren wir jetzt hin. Man könnte die kurze Strecke auch laufen, das heißt, nein, darum geht es ja, Rudi kann sie jetzt eben nur schwer noch laufen, also fahren wir, so weit wir mit dem Auto kommen. Im Hafen dann führt ein kleiner Steg aus vom Wetter verwaschenen Bohlen zu *Argus*. Rudi geht darauf sicherer als in seinem Garten und ich gehe ihm hinterher. Als wir das Boot erreichen, schüttelt Rudi seine linke Hand ein paarmal in dessen Richtung, das soll mir sagen: Na los, geh schon drauf. Also klettere ich auf das Boot und luschere in die Kajüte, in der noch alles hergerichtet wartet für die nächste große Fahrt. Ich sehe die gut vertäute Pinne, ich sehe einen kleinen Wischmopp für das kleine Deck, ich sehe vor allem: Standbild Nummer drei.

Rudi steht auf dem Steg, mit einer Hand hält er sich fest an der Reling von *Argus*. Zwischen dem alten Kapitän und dem Boot steht ein Klapptritt aus Aluminium. Drei kleine Stufen nur – und doch Hürde genug für Rudi. Helfen lassen will er sich an dieser Hürde lieber nicht, denn dahinter, auf dem Boot, da ginge es ja nur noch wackeliger zu. Rudi steht also auf dem Steg, vor ihm der Tritt, dann das Boot – dabei bleibt es. Ein verdienter, vor allem aber ein trauriger Kapitän schlurft den Steg zurück an Land, ohne noch einmal auf See gewesen zu sein.

Die Stimmung? Ein bisschen gedrückt jetzt, na klar. Andererseits scheint noch immer die Sonne, es ist ein herrlicher Tag und als wir ins Auto steigen, den Hafen verlassen und einen kleinen Kiesweg hochknirschen, ruft Rudi kurz vor der Kreuzung in trockener Schärfe:

»Steuerbord!«

Ich hatte ihn vorher gefragt und ich werde jetzt nie mehr vergessen: Steuerbord, das ist rechts. Ich gehorche also dem Kapitän, lenke den Wagen nach rechts, dann sind wir auch bald wieder an seiner Datsche. Ich verabschiede mich von Rudi und von seiner Begleiterin, einer außergewöhnlich freundlichen Frau, die Genügsamkeit für zwei genauso in sich trägt wie ein geduldig ausgleichendes Gemüt. Ich fahre davon und doch nicht so ganz.

Rudi gerät mir in den kommenden Monaten immer wieder in Erinnerung und mit ihm die immer selben Fragen. Ab welchem Punkt wird aus einer Art produktiver Unruhe eine Rastlosigkeit, die kein Ziel mehr kennt und keine Erfüllung? Wie ist Rudis Traurigkeit über das

Nicht-mehr-Segeln-Können einzuordnen und wie jene über den Verlust seiner Frau? Was bedeutet seine partielle Griesgrämigkeit? Ich habe ihn ja nicht als klassischen Miesepeter erlebt, der ohne Not an allem und immer zu mäkeln hat. Aber doch als in einer Weise verbittert, dass es auffiel und dass es irritierte. Rudi konnte seine Verluste einfach nicht annehmen und ausgleichen konnte er sie gleich gar nicht. Vielleicht, denke ich später, war seine Traurigkeit und war seine Verbitterung ja auch ein schmerzlicher Beleg seines Glücks, vielleicht zeigte diese Traurigkeit, dass Rudi sich im Leben richtig entschieden hatte, für die richtige Leidenschaft, die richtige Frau? Und, Gegenfrage, wäre es wirklich wertvoller, wenn er diese Leidenschaften leichter hätte ablegen und verabschieden können, wenn er sich achtlos davon hätte trennen können wie andere von einem nie geliebten Bürojob?

Ich denke also an Rudi, immer wieder. Und wenn ich seinen Namen ein wenig verändert habe und wenn es mit der Erzählung von ihm auch bis hierhin nun eine Weile gedauert hat, dann liegt der Grund dafür an einem Tag kurz nach Weihnachten in meinem Briefkasten. Es ist eine freundliche Karte, ihr Text plätschert ein wenig vor sich hin und dann endet er, wie aus dem Nichts, in etwas, das nur formal paradox klingen mag. Der Text endet in nachhallender Stille, denn da steht, als letzter Satz noch nach den Weihnachtswünschen: Rudi lebt nicht mehr.

Der Karte beigelegt sind einige Fotos von unserem gemeinsamen Nachmittag. Nachdem ich die Karte ein paarmal gelesen habe, schaue ich meine eigenen Aufnahmen von diesem Treffen wieder durch und finde darunter das vierte Standbild, das ich in Hermannswerder abgespeichert hatte und das mir in meinem Depot hoffentlich noch lange erhalten bleiben wird. Das Bild wurde von Rudis Begleiterin gemacht und es ist auf den ersten Blick komplett misslungen. Zu sehen bin ich, wie ich Rudi mit dem Finger zeige, wo am Handy sich das Objektiv der Kamera befindet, in das wir bitte gleich beide schauen würden. Nicht zu sehen ist hingegen Rudis Kopf, weil seine Begleiterin wiederum ihren Finger direkt auf dem Objektiv liegen hat.

Das Bild ist auf den ersten Blick also misslungen, auf den zweiten aber auch wieder nicht. Denn nur, weil nicht zu sehen ist, worauf man eigentlich achten würde, fällt der Blick auf den Rest von Rudi. Er hat sich hingesetzt, auf den kleinen Tritt an seinem Boot und dieses Boot, das hält er weiter fest. Er hält dieses Boot weiter fest, aber es ist jetzt kein Klammern mehr, wie um den Halt nicht zu verlieren. Es ist mehr ein versöhnliches Festhalten, in Treue. Rudi hält sich fest, aber er hält auch fest zu seinem Schiff.

Wenn er kein Schiff mehr habe, hatte Rudi gesagt, dann habe er kein Herz mehr. Und erzählt hatte er auch, dass er *Argus* gerne noch in gute Hände geben wolle, bevor er für immer von dieser Welt gehe. Wenn also alles gut gegangen ist, dann sind die beiden jetzt zwar getrennt, aber weiter auf Reisen. *Argus* vielleicht weiterhin nur auf der Havel, Rudi irgendwo Richtung Unendlichkeit.

# Heavy Wedding

Ich begebe mich nun selbst in gute Hände und zwar die von Dr. Grittner, so er mich lässt.

»Und Sie, gehören Sie auch dazu?«, fragt Dr. Grittner zur Begrüßung skeptisch, und was könnte ich darauf nicht alles antworten. Zugehörigkeit, wir hatten das bereits, ist ein weiter Begriff, er hat eine formale und eine emotionale Dimension und gehören zum Dazugehören nicht immer auch die anderen, die einen zugehörig sein lassen? All das denke ich und sage es doch lieber nicht.

Ich bin in eine Gruppe älterer Herrschaften geraten, im Schlosspark zu Marquardt. Fontane war mehrfach hierhergereist, auch um der »Blauen Grotte« nachzuspüren und dem alchemistischen und kabbalistischen Unfug, der sich dem Hörensagen nach hier ereignet hatte. Wir, die Herrschaften und ich, sind hier, weil Fontane vor uns hier war. Und weil man gut herkommt, das auch. Marquardt ist von dörflicher Anmut wie es auch Karwe ist und Menz sein kann und doch spürt man nur in Marquardt an jedem Fleck zu aller Zeit, dass die Stadt hier näher ist als dort. Dass Potsdam fast in Spuckweite liegt und damit dann ja auch schon wieder Berlin, in Karwe jedoch nicht. Abgeschiedenheit ist real messbar und irgendwie lässt sie sich auch atmosphärisch spüren.

Unsere Neugier ist also von bescheidenerer Form als jene Fontanes, aber wir sind immerhin auch hier und noch stehen wir alle, obwohl die Nachmittagssonne prügelt. Es würde mich nicht wundern, wenn aus der Gruppe gleich jemand aus seinen Geox oder Birkenstocks kippte und es würde mich auch nicht wundern, wenn ich dieser Jemand wäre. Noch aber kann ich folgen, physisch und in Gedanken. Dr. Grittner beginnt seine Führung durch den Park mit dem Hinweis, die häufigste Frage seiner Gäste sei, wem dieses Schloss da hinten früher gehört habe. Dann schweigt Dr. Grittner für einen dramaturgisch sauber geschnitzten Moment – und rollt schließlich von einem verzinkten Drahtbügel eine Art Chronistenthora aus. Ein guter Meter Besitzanzeigen der letzten hundert Jahre ist nun zu sehen, ein Organikilogramm, das gut und gerne auch die Firmenstruktur einer betrügerischen Offshore-Konstruktion zeigen könnte oder den Entscheidungsbaum der Bundeswehr im Falle eines atomaren Erstschlags.

Ich gehe auf und unter in der Gruppe. Es ist wie bei diesen kleinen Stadtführungsrudeln an berühmten Plätzen: Man kann leicht und unerkannt für ein paar Stationen mitlaufen, aber ganz kostenlos ist selbst das nie, es kostet mindestens ein schlechtes Gewissen. Für schnelle Ablenkung sorgt aber Herr Dr. Grittner, er will uns nun Bäume zeigen, »es gibt einige tropische Hölzer hier, amerikanisches Gelbholz, Sie werden staunen!«

Auf dem Gelbholzweg kommt mir noch einmal Dr. Grittners Wort in den Sinn, die meisten seiner Gäste interessierten sich für die früheren Besitzverhältnisse des Schlosses. Und ich denke wieder einmal: Manches historische Interesse ist ein Luxus, den man sich auch leisten wollen muss. Je mehr Aufmerksamkeit man auch den Nebenschauplätzen der Geschichte schenkt, desto weniger Platz ist im Kopf für Gegenwärtiges. Ich fürchte, irgendwann muss man sich entscheiden – verkürzt: Will ich wissen, dass Schloss Marquardt im 18. Jahrhundert Eigentum der Familie von Wyckersloot vom Niederrhein gewesen ist? Oder lieber, welches Anwesen Taylor Swift gerade gekauft hat und mit wem sie es bezieht?

Hier und jetzt im Park interessieren mich ohnehin ganz andere Fragen: Was ist hier heute so los? Wie viel gegenwärtiges Leben gibt es in diesem Es-war-einmal-Schloss? Und wer, bitte, ist der Typ da an der Mauer, der rauchend und vollverglast mit blickdichter Sonnenbrille vor einem Call-a-Pizza-Karton sitzt?

»Grüße Sie, Herr Dr. Grittner«, sagt er, als wir ihn erreicht haben – und übernimmt wie selbstverständlich die Führung für die Innenräume des Schlosses. Großer Festsaal hier, Seeterrasse dort und wenn Sie mir jetzt bitte ins Damenzimmer folgen würden?

Der Mann heißt Christian Schulze und er hat einen Beruf, der klingt wie eine *RTL-II*-Sendung: Wedding Planner. Als ob das noch nicht genug verbaler Glitzerstaub für eine Visitenkarte wäre, steht auf selbiger auch noch »Schlossmanager«.

Kann es eine verheißungsvollere Berufsbezeichnung geben als diese? Ein bloßes »Manager«, das klingt immer so nach Führungskräftetreffen im Dorint-Hotel, nach schlecht eingerichteten Büros und Am-Ende-des-Tages-Bullshit-Sätzen. Aber Schlossmanager, das klingt, nun, nach Märchen und Sissi-Sensationellem. Ein Schlossmanager, der entscheidet morgens bestimmt, ob der Kiesweg mal wieder mit der Pendelhacke plangerüttelt werden sollte oder unter welche der vielen Himmelbettmatratzen im Laufe des Tages heimlich eine Erbse gelegt werden möge.

Ganz so sei es nicht, sagt Christian Schulze, aber ich könne mir gerne selbst ein Bild machen, bei einer der zahlreichen Hochzeiten dieses Sommers. Das Schloss sei ausgebucht an allen Wochenenden, ähnlich schaue es bereits im nächsten Jahr aus. Demnächst komme etwa ein Paar aus Boston eingeflogen, das das Schloss bei Facebook und schnuckelig gefunden habe, es wolle nun ein Probeessen abhalten und im nächsten Jahr dann womöglich hier heiraten. Ach, und überhaupt gebe es so viel zu erzählen, das Beste sei wirklich, ich käme noch einmal separat und warum nicht im August, da stehe die aufwendige und vegane Hochzeit zweier Musical-Darsteller bevor, das sei gewiss eine gute Gelegenheit.

--

Der drohende Herbst wirft sein erstes Laub in den Hof, als ich nach Marquardt zurückkehre. Christian bietet das Du an und einen eiligen Rundgang durch das Schloss. Im Festsaal stehen durchsichtige Plastikstühle, auf Wunsch des Brautpaars herangekarrt aus der Nähe von Düsseldorf. Das sei aber noch gar nichts, sagt Christian im Gehen, für eine italienische Hochzeit seien sie einmal mit einem Pizzaofen aus der Nähe von Aachen über die Autobahn nach Marquardt gekachelt. Hier, bei ihm, sei jede Hochzeit »wirklich anders« und das wirklich meint, dass sich hier anders als bei handelsüblichen Standesämtern nicht nur die Namen der Trauzeugen ändern oder die Frage zu beantworten ist, ob zum Einlauf Norah Jones gespielt wird oder doch lieber Coldplay.

Nein, »das Schöne ist«, sagt Christian, »wir fangen jedes Wochenende wieder bei Null an«.

So eine Null steht ja gerade auch vor ihm, sie hört auf meinen Namen und bekommt nun ein Walkie-Talkie in die Hand gedrückt. Christian und ich haben vereinbart, dass ich als ungelernte Hilfskraft heute Teil des Serviceteams sein werde und dazu gehört eben so ein kleiner Sprechkasten.

Mit dem knackrauschenden Gerät am Halfter steigt mein Marktwert umgehend. Ein paar Minuten später, Christian dreht gerade eine Vorbereitungsrunde mit dem Wagen, stehen Babsy und Manu und Frank und Asti und ich zur Teambesprechung auf der Terrasse, fast alle rauchen.

*Asti ins Walkie-Talkie:* »Christian, bitte kommen.«
Chhhrrrrr.
*Christian:* »Ja, Asti?« Chhhrrrrr.
*Asti:* »Wer fehlt denn jetzt noch?« Chhhrrrrr.
*Christian:* »Wieso, ihr seid doch 5?« Chhhrrrrr.

Asti zählt mit dem Zeigefinger durch, bei mir bleibt er schließlich stehen.

*Asti:* »Gehörst du dazu?«

Schon wieder diese Frage.

*Ich:* »Keine Ahnung, ob er mich mitgezählt hat.«
*Asti:* »Du hast'n Walkie-Talkie, also gehörst du dazu.«

Ich gehöre dazu. Selbst wenn ich Christians Bitte, im schwarzen Hemd zu erscheinen, mit einem sehr dunklen Blau nur annähernd erfüllen konnte. Lange keiner gestorben in der Familie, zum Glück.
Beeindruckend, was so ein Walkie-Talkie alles bewirken kann. In der nächsten Stunde fragen mich zwei Lieferanten, der Klavierstimmer und der DJ nach Dingen, die ich nicht wissen kann. Damit ich wenigstens ein biss-

chen was weiß, lasse ich mich von Babsy in die Garten-
bar einweisen und versuche zu verstehen, was Christian
gemeint hat, als er Babsy »mein kleines Lebensprojekt«
nannte. Seit acht Jahren sei sie in seinem Team, er habe
sie ins Herz geschlossen und sie würde woanders auch
keinen Job finden, »weil sie so ist, wie sie ist«.

Babsy steht also in einem weißen Zelt hinter dem Tresen, ich komme hinzu.

*Babsy:* »Sonst steht hier alles voller Stoff, aber das sind
Veganer heute, anscheinend saufen die nicht.«
*Ich, vorsichtig:* »Trinkt ihr vom Service eigentlich auch
ein bisschen was nachher oder ist das verboten?«
*Babsy, etwas verwundert:* »Na, selbstverständlich trinken wir auch mal was, das hältste doch sonst im Kopp
nich aus, 13 oder 14 Stunden hier zu stehen.«

Babsy erklärt sodann die Bar, die Aufgaben sind über-
sichtlich und wären im Kopp zu behalten, wenn nicht
Christian per Funk die Order ausgeben würde, zur Kirche nebenan zu kommen. Chhhrrrrr.
   Dort angekommen, steigt gerade der Bräutigam aus
dem Wagen mit offenem Verdeck. Vor eineinhalb Jahren haben er und die Braut Christian das erste Mal getroffen, seitdem wird die Hochzeit geplant. So entsteht
eine Vertrautheit, die in Christians Leistungspaket in-
begriffen ist. Er wird nicht nur dafür bezahlt, den Hei-
ratenden einen Tag zu ermöglichen, an dem sie sich um
so wenig kümmern müssen, dass sie von ihrer eigenen
Hochzeit auch etwas mitbekommen. Er wird auch dafür

bezahlt, dabei nicht wie ein lohnarbeitender Fremdkörper zu wirken, eher wie ein Freund.

»Christian, habe ich einen Scheitel? Ich hasse es, wenn ich einen Scheitel habe«, sagt der Bräutigam in dieser sympathisch übertriebenen Nervosität, die kein anderes Ereignis im Leben einem Mann zu bereiten vermag. Christian beruhigt, nein, kein Scheitel. Er könnte auch sagen, dass das Resthaar einen Scheitel noch bei 300 Stundenkilometern Richtung Marquardt unmöglich gemacht hätte. Aber.

»Das Schwierigste heute ist, dass die Gäste sich untereinander alle nicht kennen, also auch die Familien kennen sich noch nicht«, flüstert Christian mir zu. Das kann ja auch mal früh in Stille enden und da kann es hilfreich sein, beim Sektempfang nach der Trauung etwas zügiger nachzuschenken. Noch aber scheinen allein Zauber und Kraft des Ereignisses den Sozialladen am Laufen zu halten. Ein Holger stellt sich einer Denise vor als der Mann von Corinnas Bruder und so weiter.

Übliche Bekanntmachungsverbalitäten, alles in Ordnung. Christian macht sich nun bereit für die letzte Viertelstunde vor der Trauung. Üblicherweise, sagt er, sei sein Job da nur noch, zu beruhigen. Heute aber habe er zudem eine Flasche stilles Wasser und einen Pumpspender Handdesinfektion dabei. Der Bräutigam ist von Hauptberuf eben Sänger und bei aller Freude über den Mann von Corinnas Bruder und die vielen anderen Gäste, die Vermeidung einer Tröpfcheninfektion ist heute nach dem Ja-Wort das zweitoberste Ziel.

Mehr als 340 Hochzeiten hat Christian in den vergangenen acht Jahren begleitet, für Bräutigam Thomas ist es immerhin die dritte eigene.

»Mein Motto: einmal verheiratet, immer verheiratet«, sagt Christian. Nur von zwei Paaren wisse er, dass sie nicht mehr zusammen sind, und bei dem einen habe er schon am Tag der Trauung gewusst: hält nicht lange, keine Chance.

»Auch wenn sie es nicht ist: Es fühlt sich an wie meine erste Trauung«, sagt Thomas.

Nicht nur Christians Statistik, auch die Kennenlerngeschichte spricht dafür, dass diese erste dritte auch die letzte Hochzeit bleiben könnte.

Ein paar Jahre ist es her, da gab Thomas den Luther und Navina dessen Ehefrau Katharina. Sie sangen ein Duett und fanden, so werden sie es am Nachmittag in ihrer Traurede vorsingen, »Liebe auf den ersten Ton«. Thomas fand also »seine« Navina, Navina fand »ihren« Thomas und nun stehen sie hier in Marquardt und können nicht anders. Das heißt, noch stehen eben nicht beide hier, wo ist eigentlich die Braut?

»Kommt später«, sagt Christian, immer noch in einem Zen-Modus, von dem sich Thomas immer weiter entfernt. Inzwischen beschäftigt dieser eine kleine Männerrunde wortreich mit der angeblich offenen Frage, ob er, Blickrichtung Altar, nun rechts oder links sitze, und überhaupt, »seit eineinhalb Jahren planen wir diese Hochzeit und du denkst aber immer nur an die anderen und nicht an dich und was ist denn, wenn ich dann gleich aufs Klo muss, Christian, was ist denn dann?« Christian beschwichtigt weiter und striegelt den Maßanzug von Thomas mit einer Fusselrolle. Es wirkt.

Ich schlendere ein paar Meter weiter, bevor ich selbst noch nervös werde und einmal mehr wird mir das Walkie-Talkie zum Verhängnis. Die Pfarrerin hat es erspäht – und stellt mich.

*Pfarrerin:* »Und, gibt es schon neueste Nachrichten von der Braut?«
*Ich:* »Tut mir leid, keine Ahnung.«
*Sie:* »Ach so. Sie sahen so aus …« (zeigt auf mein Walkie-Talkie)
*Ich:* »Ja, es ist seltsam. Ich werd die ganze Zeit schon Sachen gefragt, die ich nicht wissen kann. Aber das geht Ihnen bestimmt noch häufiger so.«

Die Pfarrerin lächelt milde, dann dreht sie sich etwas weg und schaut auf ihr Handy. Sonnenlicht fällt flatternd durch ein paar Zweige auf ihren Kopf und, ich schwöre, es sieht so aus, als würde sie umgehend Gott eine SMS schreiben. HG, Almut.

Christian verteilt per Chhhrrrrr-Verfahren noch einige Aufgaben. Frank soll die Hortensien holen, check? Chhhrrrrr.
»Mach ick«, chhhrrrrrt es zurück, »aber frag mich nich, wie Hortensien aussehen«.
Läuft. An solchen Kleinigkeiten wird mir erst bewusst, wie irre viel Arbeit in einer solchen Hochzeit steckt und wie sich aus einer gelösten Frage oft drei neue Aufgaben

ergeben. Soll es einen Sektempfang auf der Insel am See geben, dann rät es sich, dem Anglerverein eine kleine Aufmerksamkeit zukommen zu lassen, denn der hat diese Insel gepachtet. Hat das Paar bei seinem ersten Date ein lokales Vollbier aus Fürth getrunken und soll es dieses Bier dann bitte auch auf der Hochzeit geben, telefoniert Christian schon mal einen halben Tag in Berlin herum, bis er einen Lieferanten gefunden hat. So lässt sich das hochrechnen, auf alle möglichen Details.

Solche Details werden für einen Moment nun höchst nebensächlich, denn endlich ist ein kleiner Transporter vorgefahren und endlich geht eine Schiebetür auf und endlich betritt, ganz in Gold, mit einem Blumenstrauß, Navina Marquardtschen Boden.

»Toll siehst du aus«, sagt Christian, und selbst wenn dieser Satz in jenem Prozentsatz der Nettogesamtsumme enthalten ist, den Christian verdient, so kann er ihn an diesem Tag nur ernst und ehrlich meinen. Denn toll sieht sie wirklich aus, die Navina.

Thomas findet seinen Platz, er muss nicht aufs Klo. Ja, sie wollen. Sektempfang. Und dort die erste unerwartete Härte nach dem Seitenwechsel. Als Gast wird man auf Hochzeiten oft gestopft und wenn die letzte Cocktailkirsche vom Kuchenbuffet gerade erst die Speiseröhre runtergemurmelt ist, wird auch schon das Spanferkel aufgefahren. Eine Frage, die ich mir bis heute nie gestellt hatte: Wann und was essen eigentlich die Leute vom Service?

»Manchmal gar nicht«, flüstert Christian, als wir mit servil gefalteten Armen hinter der Sekttheke stehen.

Vielleicht schießt mir an der Stelle schon das Weiße in die Augen, vielleicht ist es auch bloße Nächstenliebe, die Christian ein paar Minuten später konspirativ eine Serviette greifen und mit ein paar Spluffins bepacken lässt. Er bricht mit mir Hungrigem sein aus Splitterbrötchen und Muffins gekreuztes Brot und ich drehe ab Richtung Steg, damit die Gäste nicht sehen, wie ich mir die kleinen Küchlein gegen den Kollaps eindrücke.

Die Energie werde ich nicht nur zum Stehen brauchen und man steht gefühlt ja wirklich den halben Tag irgendwo herum. Die andere Hälfte aber läuft man, zwischen 30 und 50 Kilometer kommen zusammen und wenn die Nacht lang ist und die Gäste auch den Shuttle-Service von Christian gebucht haben, kommen noch einmal 400 Kilometer im Auto dazu.

Wie unterschiedlich so ein Tag je nach vorgesehener Rolle aussehen kann, das lässt sich vielleicht am besten an der Hochzeitstorte beschreiben. Für Navina und Thomas ist sie ein 800 Euro teures Prachtgebäude aus Cashew-Nüssen und Sojaschaum, ein kaloriengewaltiger Beleg dafür, dass eine vegane Hochzeit nicht nach Reformhaus riechen muss. Für die Gäste ist es schlicht eine Hochzeitstorte, eine gefällige Sünde unter vielen an diesem Tag. Und aus Sicht des Personals? Ist diese Torte eine tickende Zeitbombe. Mit jeder weiteren Sekunde in der Sonne wächst die Gefahr, die Torte könnte von dem tragenden Stock in ihrer Mitte abrutschen und mehr als nur das Kaffeetrinken versauen. So steht die Torte in der erbarmungslosen Sonne, behaftet mit bangen Blicken von uns Walkie-Talkie-Warriorn und als sie endlich angeschnitten zu werden scheint, springt die Mutter

der Braut ins Bild, um alle Gäste für ein Begrüßungs-
zeremoniell zu bitten, sich in »rhythmisch-musikalische
Palmen« zu imaginieren. »Sch-sch-sch«, wedeln sechs-
undfünfzigmal zwei Arme im Takt. Sch-sch-sch. Sch-
sch-sch.

Ich stehe staunend daneben und irgendwie auch
neben mir, nun wieder an der Bar. Babsy staunt nicht
minder.

*Babsy:* »Weißte was, ich glaub, ich brauch gleich erst
mal 'n Bier.«
*Ich:* »So ein Vollbier? Das kann ziemlich Kopf
machen.«
*Babsy:* »Mir macht nichts mehr Kopf, ich hatte mal
Kneipe.«

Hatte sie wirklich mal. Babsy ist in jeder Hinsicht erfahren am Glas und so verbummeln die nächsten Stunden
in seliger Eintracht an der Bar. Dann macht es wieder
Chhhrrrrr und die totale Hektik bricht los. Das Warten,
die Arbeit: Alles kommt in Schüben.

Christian hat mich in die Küche beordert. Das, was jetzt
zu tun ist, gehört vorbereitend zum »Menü schieben«
und ich streife dafür ein paar Handschuhe über, die ein
wenig nach Veterinäramt aussehen. 56 Mal zwei Grill-
tomätchen sind auf Tellern zu positionieren, 56 Mal
eine Handvoll Pfifferlinge sind über Filoteigpralinen
abzustreuseln wie Geröll bei einem Erdrutsch. Küche,
das heißt, in großer Hektik ruhige Hände zu bewahren
und gleichzeitig auch mit dummen Sprüchen auf eben-

solche zu reagieren. Die Schieberbande quatscht und arrangiert und irgendwann singen wir alle »It Must Have Been Love« von Roxette, aber wie es dazu überhaupt gekommen ist, daran kann sich schon nach dem zweiten Takt keiner mehr erinnern.

*A pair of wings*, das wünsche ich mir bald wirklich, denn: Die Füße wummern. Kaffeegeschirr ist fortzutragen, leere Zigarettenschachteln servil von Menschen abzunehmen, die lieber keinen Mülleimer suchen wollen. Jawohl. Sehr gern. Kommt sofort. Gar kein Problem. Darf es noch eine Flasche Wasser sein?

Ein guter Indikator für den Stresspegel ist, wie viel das Personal miteinander spricht. In den lauen Pausen gibt es ausgedehnte Rauchertreffen im kargen Backstage hinter dem Tresen-Zelt. In den Spitzen kommt Babsy auch mal zügig angeschnurrt und greift mir gleich kräftig in den Arm: »Komm, Teller!«

Schon nachvollziehbar, dass Christian als Argusauge dieser Tage das Essen manchmal komplett vergisst. Heute aber ist es so, dass der Caterer das Risotto so reichlich geplant hat, dass sich in der Küche bald alle mit einem Löffel bewaffnen und um den Stahlbehälter Aufstellung nehmen. Ein paar vorzügliche Happen, dazu ein paar Kräutersaiblinge, dann muss es auch schon wieder weitergehen.

Babsy hat mir interimsmäßig die Verantwortung für die Bar übertragen und die Bar war schon immer und überall ein Ort, an dem sich die Welt weiter öffnet als sonst irgendwo. Bei ihren ersten Bestellungen retten sich die Gäste noch ins Geplänkel. Wetter, Deko, schönes Brautkleid – finden Sie nicht auch? Ich lächele und bejahe einfach alles weg, auch das gehört zum Service. Bei ihren weiteren Bestellungen erzählen viele Gäste eher nicht lustige Sachen, die sie für eher lustig halten und es käme mir unhöflich vor, nicht mitzuprusten. Im letzten Drittel des Abends werden die Anfragen wieder zielgerichteter, weniger Verbal-Girlanden, eher so punktgenau wie jene Dame, die jetzt an den Tresen kommt, auf faszinierende Weise gleichzeitig links und rechts an mir vorbeischaut und ihre Bestellung eröffnet mit einem bemerkenswerten Ausruf.

*Dame:* »Ich hatte … hier … Geil!«
*Ich:* »Bitte was hatten Sie?«
*Dame:* »Na, geil. Der da.«

Ihr Finger peilt wie der Cursor eines sehr alten Desktop-Computers den Weinkühlschrank hinter mir an, in dem, das sei zu ihrer Verteidigung gesagt, tatsächlich Flaschen vom Weingut Helmut Geil lagern.

So sehr sich die Gespräche an der Bar nun wieder auf ein Minimum reduzieren, so sehr kommt Christian ins Erzählen. War ja nicht unbedingt mit zu rechnen, dass er seine Sommer einmal damit verbringen würde, fünfstellig budgetierte Hochzeiten zu organisieren. Er komme aus Gardelegen, Sachsen-Anhalt, sagt Christian und wenn ich es noch genauer wissen wolle: aus der »untersten Unterschicht«. Mit seinen Erzeugern sei er nicht so gut klargekommen, mit den Zieheltern umso mehr und schon die bekamen damals eine Idee, mit welchem

Ehrgeiz ihr Neusohn einmal ins Leben treten würde. Es gab ein Poesiealbum und bei der Zeile »Berufswunsch« trug Christian nur ein Wort ein: »erfolgreich«.

Wenn Christian das so erzählt, dann klingt es zunächst nach einem dieser überteuerten Lifecoaching- und Erfolgsseminare, nach so einem Headset-Gequatsche an einem Samstagvormittag im Bankettsaal eines Gerade-so-Vier-Sterne-Hotels am Stadtrand von Leverkusen. Es klingt, als hätte er von seinem Weg schon so oft erzählt, dass dieses Erzählen inzwischen mehr einem Narrativ folgte als nur der Erinnerung. Doch wenn man das Gequatsche vom Gesagten abzieht, bleibt bei Christian einiges übrig und das lohnt sich zu hören, etwa wenn es um Annette geht.

Als Jugendlicher wollte Christian reiten und weil das Geld nicht reichte, versuchte er es mit Annette. Annette war ein Schlachtpferd und aus noch anderen Gründen nicht zum Reiten vorgesehen. Sie galt als unreitbar und feindlich gegenüber allen Versuchen einer Annäherung. Ein halbes Jahr, sagt Christian, habe er Tag für Tag mit Leckerlis und von einem Trog vor den Schnapp-Angriffen geschützt unter ihr gelegen und um Annettes Gunst geworben. Schließlich: erfolgreich. Sie fand Zutrauen, er in den Sattel.

Er sei schon damals Geschäftsmann gewesen, sagt Christian, und so fand er im Elektriker aus dem Ort seinen ersten Sponsor. Der Elektriker zahlte Startgelder für die Turniere, Christian ritt dafür bei diesen Turnieren dessen Logo auf dem Sattel spazieren. Er hatte, später, einen schweren Reitunfall, in dessen Folge er nun ein Stück vom Schwein im Knie trage und das als Vegetarier! Bei den Fallschirmjägern sei er übrigens auch gewesen, sechs Jahre lang und damit eines länger als seine Ausbildung an einer europäischen Business-Akademie gedauert habe.

Als Christian dort studierte, fragten ihn Freunde: Na, was willst du danach machen, beruflich? Er sagte: Wedding Planner. Sie sagten: Na, was du schon wieder für Ideen hast. Er sagte: Wartet mal ab, in sieben, acht Jahren wird das ein Markt.

Es ist ein Markt geworden und kein geringer und wer weiß, vielleicht wird Christian irgendwann noch einmal sein eigener Kunde. Sechs Jahre lebte er in einer Ehe, inzwischen nicht mehr. Einmal verheiratet bedeutet eben manchmal nicht: immer verheiratet. Privat ist so etwas schwierig. Geschäftlich richtet Christian bestimmt gerne auch zweite und dritte oder vierte Hochzeiten aus.

# Theocashing

Zugegeben, ich bin ein bisschen enttäuscht, die Zombie-Apokalypse hatte ich mir irgendwie aufregender vorgestellt. Jetzt aber beginnt sie mit einem einzelnen Irren, der mit ausgestreckten Armen orientierungsschwach durch eine Galerie auf dem Campus der Fachhochschule Potsdam tapert. Seine Arme sind ausgestreckt, jedoch nicht um zu würgen. Eher, um nicht mit Wucht gegen die nächste Vitrine zu donnern. Wie ein fehlprogrammierter und akkuschwacher Saugroboter zieht er in enigmatischen Bahnen durch den Raum, dann erwacht er endlich wieder zu echtem Leben: Er setzt die VR-Brille ab und offenbart ein reales kleines Leuchten in seinem Gesicht, die Freude darüber, soeben durch einen Spalt in die Zukunft gelinst zu haben.

Zukunft ist immer ein gutes Stichwort, heute aber besonders. Das Tagesziel lautet, Fontane so viel Gegenwärtigkeit und Zukunft abzuringen wie nur möglich und die Galerie im Hauptgebäude der FH ist dafür mit Sicherheit ein guter Ausgangspunkt. Uta Bartsch, die Reiseleiterin der Wallfahrt, hatte eine Empfehlung ausgesprochen, für Potsdam, für eine Ausstellung an der FH und so eine Computersache im Fontane-Archiv. Also hatte ich meine Sachen gepackt und den urbanen

Kurzurlaub am RAW-Gelände in Berlin abgebrochen. Ich war von dort losgefahren, wo man sich immer ein bisschen zu sauber angezogen fühlt – und in Potsdam wieder ausgestiegen, wo es, besonders in der Nördlichen Vorstadt, immer ein bisschen zu sauber ist, ein bisschen zu reich, ein bisschen zu still. Ein bisschen zu München.

»Fontane, wie er mir gefällt«, steht hier in der FH schwarz auf einer leuchtend roten Wand und ein ganzes Seminar hat Werk und Leben Fontanes durchsucht nach Ideen und Wendungen, die einem als jungem Menschen der Gegenwart etwas zu geben vermögen. Spoiler: Nicht alle haben etwas gefunden.

Mein Rundgang durch die Ausstellung ist zunächst ein Rumstehen und zwar vor der Videoinstallation, in der Studenten von ihren Erlebnissen mit diesem oder jenem Werk Fontanes berichten. Eine junge Frau hat das große Los der *Wanderungen* gezogen, lang wurde ihr Weg an der Seite Fontanes allerdings nicht. Mit Befremden erzählt sie von Fontanes Interesse an Ahnenfolgen und Erbschaften, ihr Blick unterstützt den Eindruck, als berichte sie hier einer Freundin, wie sich, weißt du Larissa, im Bus vorhin, nä, so ein alter Mann neben mich gesetzt hat, ja, genau, und der hat, ich schwöre, mega gestunken, richtig, richtig übel.

Die junge Frau ist dann schnell geflüchtet:

»Irgendwann bin ich ehrlicherweise ausgestiegen, weil es mich nicht interessiert hat.«

Im Hintergrund des Videos ist beifälliges Glucksen zu hören, die junge Frau legt nicht allein deswegen nach:

»Persönlich muss ich sagen«, muss sie persönlich sagen, »dass mir diese Beschreibungen zu langatmig waren. Ich muss sagen«, muss sie sagen, »dass es mir seelenlos vorkam, da war wenig Lebendiges.« Dementsprechend »war ich dann auch froh, als unsere gemeinsame Reise zu Ende war«.

Mein gemeinsamer Tagesausflug mit Fontane geht gerade erst los, es ist eine ergebnisoffene Schnipseljagd, für welche die Studenten das schönstmögliche Wort bereits gefunden haben, nämlich: Theocashing.

Theocashing ist moderner Mehrkampf, in die nun folgende Disziplin führt eine gewisse Aurelie gerade draußen ein. Sie will die Gäste der Ausstellung mitnehmen auf einen »Drift«. Ein Drift ist keine Führung, auch kein reiner Spaziergang, es ist ein meditativer Hybrid aus beidem und noch anderem.

»Heimat ist etwas Aktives«, sagt Aurelie, und »einen Drift verstehen wir als Praxis der Beheimatung.«

Das klingt hervorragend. Ich verstehe es nicht. Na gut, so viel vielleicht: Die Leute bekommen Kopfhörer auf und hören ausgewählte, wohl sphärische Musik und dann sollen sie herumlaufen und sich dabei mit der Umgebung vertraut machen. Irgendwie jeder für sich, aber irgendwie auch alle zusammen.

Ich bedeute Aurelie, dass ich meine Beheimatung mit der Region bereits auf andere Weise in Angriff genommen habe und wandere weiter durch die Ausstellung. Es ist ein bewusstseinserweiterndes Glück zu erleben, wie sehr die Kulturtechnik des Samplings selbst staubbesetzten Klassikern zurück in die Gegenwart verhilft. Die Studierenden haben aus originalen Beschreibungen von Charakteren Fontanes fiktive Kontaktanzeigen gebastelt, sie haben Gedichte zu Zeilen zerschnipselt, um diese neu und zufällig zusammenzusetzen.

Das ist Fontane zum Spielen und so kann er einem nur gefallen.


Noch mehr Gegenwart und Zukunft für diesen Tag verspricht das Fontane-Archiv in der Nauener Vorstadt, wo es einen »Fontane-Hackathon« geben soll und weil ich auch diese Wendung nicht so recht verstehe, will ich einfach mal hingehen, klopfen und fragen.

Peer Trilcke und Frank Fischer öffnen die Tür. Ersterer ist Literaturprofessor und kennt Fontanes Werk bis in die tiefsten Tiefen. Zweiterer verkrümmt sich zur Begrüßung und sagt, er müsse mir »die linke Hand geben, ich hab da so 'nen kleinen Faserriss in der rechten«. Ich gebe meine Linke zurück und frage, oh, eine Sportverletzung etwa, hier vom Hacken? Nein, nein, versichert Fischer.

Frank Fischer ist ebenfalls Professor, für »Digital Humanities« in Moskau. Digital Humanities heißt zum Glück nicht, dass jetzt auch noch der Mensch als solcher digitalisiert und wegrationalisiert werden soll. Es steht vielmehr für die Idee, das etwas ältliche Feld der Geisteswissenschaften mit den Möglichkeiten von Technologie neu zu düngen.

Nichts anderes haben Trilcke und Fischer und Studenten aller möglichen Fachrichtungen über Tage in der Villa Quandt getan. Sie haben mit der Big-Data-Kanone auf alte Literatur geschossen, einen Hacker-Angriff auf Theodor Fontane gefahren und schon in den analogen Äußerlichkeiten dieses Angriffs liegt viel Erwartungsneugier. Da ist die traditionstriefende Hülle, die Villa Quandt samt ihrer ehrwürdigen Bestimmung, noch die letzten im Halbschlaf gekrakelten Halbsätze Fontanes zu bewahren. Und da sind auf einmal vielleicht 20 junge Menschen, Leistungscomputersportler, die kleine Energieschüsseln mit Rosinen und Nüsschen auf ihren Tischen stehen haben; auf deren Macbooks Quelltext rattert; die kleine algorithmische Roboter auf den *Stechlin* hetzen oder auf *Effi Briest*.

Eine LAN-Party für Literaturwissenschaftler, natürlich: eine super Idee. Schweigsam sitzen die Studenten in Vierergrüppchen zusammen und sieben Sprachmasse, immer wieder. Sie visualisieren die Handbibliothek Fontanes und wie umfangreich er darin angestrichen und kommentiert hat. Sie erstellen ein »Ego-Netzwerk« des Briefautors Fontane und zeigen auf, wem er wie oft geschrieben hat und also wie eng verbunden war. Sie systematisieren, welche Wörter die Hauptfiguren, zum Beispiel, in *Effi Briest* am häufigsten benutzen.

Am meisten aber fasziniert mich eine Art Gegenteil dieser Arbeit. In einer Ecke der Villa liegt ein Poster auf dem Boden, eine lange Liste langer Einträge: »Die 500 längsten einzigartigen Substantive bei Fontane«. Komplizierter ausgedrückt sind hier 500 *Hapax legomena* aufgeführt, Wörter, die exakt ein einziges Mal im Werk Fontanes vorkommen und die dessen Wortneuschöpfungsgeist belegen wie sonst nichts.

Wie gesagt, ist mir das Historische oft zu staubig, das Moderne zu wesensfremd. An diesem Tag der Suche nach Fontanes Gegenwart kommt diese Liste da gerade recht, weil sie auf fast erschreckende Weise einen Unterschied verdeutlicht. Zwischen einerseits dem ehrlichen Bemühen Fontanes um Genauigkeit – und unserer Zeit andererseits, in der Sprache zunehmend missbraucht wird, um das Gegenteil von Genauigkeit zu erreichen. Fontane suchte nach Neologismen, um Vorgänge und Zustände präziser zu beschreiben als sie bislang beschrieben worden waren. Wenn heute neue Wörter in den öffentlichen Raum schweben, dann sind sie im günstigen Regelfall Euphemismen. Der Nachtportier wird zum Night Manager, im peripheren Osten wird nicht abgerissen sondern rückgebaut, auch entlassen wird immer weniger, es gibt halt: Umstrukturierungen. Manchmal wird selbst der Begriff Euphemismus zum Euphemismus, etwa dann, wenn Politmakler so absurde Verbalbomben wie »Asyltourismus« abwerfen, den absoluten Oxymoronny im Hort der neuen Wörter.

Was wäre, ließe man Fontane auf diese unsere Gegenwart los? Man kann ihn jetzt nicht einfach ausgraben und aufwecken, derlei Umstrukturierungen erlaubt die Wissenschaft noch nicht. Stattdessen begnüge ich mich in der Villa Quandt damit, die 500er-Liste mit den *Hapax legomena* blickwandernd zu durchstreifen und in meinen Block ein kleines Lexikon der Gegenwart zu schmieren, für jeden Buchstaben einen Begriff Fontanes – und dazu die Überlegung, wofür dieser Begriff heute stehen könnte.

**Aufmerksamkeitsbezeugung,** die. Gleich so ein Kracher zu Beginn, eine im Grunde sich selbst erklärende Angelegenheit. Die Aufmerksamkeitsbezeugung beschreibt nichts anderes, aber viel genauer das, was als »liken« schon längst in den DUDEN eingewandert ist. Wann immer ein Herz auf Instagram per Klick errötet, wann immer ein Daumen auf Facebook erbläut: Aufmerksamkeitsbezeugung. Und eben nicht zwangsläufig mehr. Wer das neue Profilbild seines Chefs liked, der muss es nicht wirklich mögen, der kann auch nur ein Klickschleimer sein. Wirkliches Mögen, heimliches Nichtmögen, gar nicht klicken wollen, aber mit der Maus abrutschen: Es gibt tausend Motivationen, online Herzen und Daumen zu verteilen. Das Einzige, was all diese Motivationen streng genommen gemein haben, ist die Aufmerksamkeit für das geherzte oder bedäumte Objekt – und deren Bezeugung durch einen Klick.

**Ängstlichkeitsprovinz,** die. Eine Ä. kann es im direkten Sinne geben wie auch im übertragenen. Im direkten Sinne fällt einem sofort Sachsen ein, um gleich mal mit der Kür ins Haus zu fallen. Sachsen im Sinn habend, erledigt sich die Pflicht einer Definition der Ä. gleich viel leichter: regional begrenztes Gebiet, in dem die Menschen von ihren Sorgen und Ängsten so arg bestimmt sind, dass sie – zumindest zeitweise – den Blick dafür verlieren, was auch ihr Leben schön macht. Und damit sind wir schon bei der Ä. im übertragenen Sinn. Die Frage wird erlaubt sein: Sind wir nicht alle ein bisschen Sachsen, von Zeit zu Zeit? In innerliche Ängstlichkeitsprovinzen können auch wir uns begeben, wenn wir uns der Freundschaft oder Liebe zu nahen Dritten unsicher werden, oder wenn wir vor großen Aufgaben stehen, ahnungslos, wie diese auch nur im Ansatz zu bewältigen sein könnten. Wohl dem, der sich aus dieser Enge zügig wieder befreien kann.

**Bürgerressourcenstube,** die. Politischer Aktivismus bedeutet heute für manche, schlecht angezogen auf Straßen im Kreis zu laufen und zu rufen, dass alles scheiße sei. Andere unterzeichnen digital eine Petition gegen Nestlé und finden das schon erbaulich. Dritte laufen mit einem Zwicken im Magen herum, weil ihnen die Zeiten danach scheinen, sich zu engagieren – nur bringen sie die kleine Mühe nicht auf, sich aus ihrer Orientierungslosigkeit zu bequemen und einen Anfang zu finden. Was könnte da besser helfen als Bürgerressourcenstuben, und zwar eine in jedem Postleitzahlenbereich des Landes? In der B. kann Deutschland miteinander meinungsstreiten und sprechen, es gibt Terminals, auf denen man ertasten kann, wer auf welcher Ebene für welche politische Frage verantwortlich und wie er oder sie zu erreichen ist. In der B. gibt es Vorträge und Lesungen und Public Anne-Will-Watching mit anschließender Diskussion. Vielleicht gibt es in der B. aber auch ganz andere Sachen, das bestimmen die Bürger am besten selbst.

**Coulissenconnaissance, die.** Keine Angst, französischer wird's nicht. Coulissenconnaissance ist ein wunderbares Wort, weil es selbst das darstellt, was es zu entzaubern versucht – nämlich die verbalbombastische Ausschmückung zum Zwecke des Blendens. Wer aber über C. verfügt, über Kulissenkompetenz, der ist weniger anfällig, anfällig für Populisten, für Haustürgschaftlhuber oder Heiratsschwindler. C. kann auch auf Workshop-Basis in → Bürgerressourcenstuben gelehrt werden, das ist ja klar.

**Dänenfreundlichkeit, die.** Im Grunde selbsterklärend. Der Vollständigkeit halber zwei Dinge. Erstens: Gemeint ist sowohl die Freundlichkeit der Dänen gegenüber Dritten als auch die Freundlichkeit den Dänen gegenüber. Zweitens: Kann grundsätzlich auf alle anderen Länder der Erde übertragen werden und sollte es auch. Alle sollen allen gegenüber freundlich sein. Die Dänenfreundlichkeit ist also eine echte Teilmenge der Menschenfreundlichkeit. Dass gerade die Deutschen gerade den Dänen gegenüber so viel Freundlichkeit empfinden, hat etwas Beruhigendes. Frühere Deutschländer haben Dänemark am liebsten angegriffen. Heutige Deutschländer schauen sich im Norden am liebsten ab, wie Gemütlichkeit geht. Heil Hygge!

**Ermutigungspromenade, die.** Bei den Jedermannläufen in deutschen Innenstädten stehen immer erstaunlich viele Jubelmenschen an der Strecke. Irgendwie: schön. Neuer Vorschlag: Dauerhaft 100 Meter Spalier in jeder Innenstadt, schichtweise von Bürgern im verpflichtenden Freiwilligendienst besetzt. Wer morgens denkt, och Mensch, heut fühl ich mich irgendwie nicht so, der kann auf dem Weg zur Arbeit durch dieses Spalier laufen, radeln, segwayen. Okay, nicht segwayen, Segways gehören vernichtet. Aber wer radelt oder läuft, dem wird zugejubelt: »Das wird dein Tag! Du bist super! Mach weiter so, Mäusefüßchen!«

**Fünfpfennigersparnis,** die. Anachronistischer Superbegriff für die teilweise absurden Verrenkungen, die Menschen heute vornehmen, um ihre Zeit gegen etwas Geld einzutauschen. Zum Friseur nach Polen fahren, wegen der Wochenangebotsheckenschere früh um sechs vor dem Aldi campieren, und so weiter. Die Fünfpfennigersparnis zielt nicht auf jene, die auch halbe Groschen umdrehen müssen, weil sie wenig haben. Sie trifft solche, die ihren Geiz pflegen, um noch mehr zu besitzen von den Dingen, die sie bislang schon nicht glücklich gemacht haben.

**Generositätskomödie,** die. »Ich habe nichts gegen Ausländer, aber ...«

**Hauptsehenswürdigkeit,** die. Vielleicht die weitsichtigste Vokabel Fontanes und Chiffre für eine Idee, die das Leben des modernen Städtereisenden nur erleichtern kann. Paris, Rom, Barcelona: Überall warten Must-Sees mit hohen Ordnungsziffern, der Reiseführer wird in der Zahl seiner Empfehlungen gerne mal dreistellig. Das schafft kein Mensch an einem Wochenende und warum sollte er auch? Wenn es also überhaupt so etwas wie Sehenswürdigkeiten geben soll: Sollte man nicht alle Orte verpflichten, exakt eine Hauptsehenswürdigkeit zu benennen? Central Park, Spanische Treppe, meinetwegen auch: Sagrada Família. Und den ganzen reichen Rest? Wirklich nur nach Lust und Laune. Aber klar, wie jedes Konzept hätte auch dieses Grenzen. Was nämlich wäre die Hauptsehenswürdigkeit dieser Reise, überhaupt der Mark? Schwer zu sagen. Irgendwie ist das Land gerade in seiner Bescheidenheit eine Hauptsehenswürdigkeit. Und richtige Hauptsehenswürdigkeiten haben ja nur solche Orte nötig, die überhaupt auf konkrete Sehenswürdigkeiten angewiesen sind. Mit anderen Worten: Armes Rom.

**Isthmusdurchstechung,** die. Der Isthmus ist die Landenge, die Erwähnung ihrer Durchstechung hier kann nur einen einzigen Grund haben: Fontane hatte zwischen dem H und dem J keine Textmenge, er hatte eine ziemliche Textenge und ihm ist schlicht nichts anderes mit I eingefallen.

**Junggesellenpantoffel,** der. Es gab früher diese Dinge in den Wohnungen alleinstehender Freunde, bei deren Anblick ich dachte: Es gäbe diese Dinge in deiner Wohnung nicht, mein Freund, stündest du nicht allein. Fußballschals an der Wand, übergroße Biergläser im Regal. Bierkästen im Blickfeld des Wohnzimmers und ein Gameboy griffbereit neben der Toilette. Der J. ist die bildsprachliche Entsprechung all dieser Dinge, es gibt ihn aber auch ganz konkret. Beim J. handelt es sich in der Regel um ein Modell von Deichmann, gehalten in Erdfarben und aufgewetzt mindestens dort, wo jeder Pantoffel unbedingt Fuß fassen sollte, nämlich an der Ferse.

**Kuriositätenamateur, der.** Trödelmärkte fallen bei mir in dieselbe Kategorie wie American Football: Ich hege eine gewisse Faszination dafür, verstehe nur leider auch nach vielen Jahren die Regeln nicht vollständig. Was muss in der Kindheit schiefgehen, wenn man später im Leben mit Freude an regnerischen Samstagen nur den unnützen Teil seiner Habe auf Tapeziertischen im Freien ausbreitet? Welche alte Kaffeemühle ist angeblich 100,- Euro wert, welche andere keine 50 Cent? Wie kann es sein, dass Besteck fast nie nennenswert etwas kostet? Und wie kommen die Mieter dieser entrückten Eso-Stände über die Runden, wo es Kraftsteine und anderen Hokuspokus gibt? Ich weiß es nicht. Ich bin, nicht nur in diesem Fall, ein Kuriositätenamateur.

**Loyalitätsmäntelchen, das.** Übergangsjacke, die in vielen Freundschaften irgendwann getragen wird, zum Tragen kommt. Das L. ist eine besondere Form des Deckmäntelchens, es verdeckt die Blöße im Sinne nackter Wahrheiten. Ein Freund hat Scheiße gebaut, sich mies verhalten gegenüber Dritten, Unfug geredet? Nicht immer wird er von den Seinen gestellt, nicht selten wird mit dem Argument der Loyalität Widerspruch zurückgehalten: Er ist mein Freund, ich

muss nett zu ihm sein. Irgendwie: nicht gut. Das L. ist
eines, in dem man bitterlich frieren kann, sobald die
Winde etwas rauer werden.

**Mattigkeitsausdruck, der.** Der M. bezeichnet nicht jene
Mattigkeit, die ein müder Mensch im Gesicht trägt,
weil er nicht anders kann. Der M. unterscheidet sich
von echter Mattigkeit vielmehr dadurch, dass er diese
Mattigkeit leicht chiffriert. Wenn eine gute Freundin
zum Geburtstag nur »happy birthday« schreibt statt
etwas Persönlichem, dann ist das ein Ausdruck von
Mattigkeit. Wenn ein Unternehmen nur die Farbe
eines Produkts ändert und es als Innovation verkauft,
auch. Wenn Politik reaktiv bleibt und sich als Geisel
allen Geschehens in der Welt darstellt, ist das ebenfalls ein Ausdruck von Mattigkeit.

**Natürlichkeitsversicherung, die.** Oft irreführende An-
mutung eines Produkts. Das Schöne an Menschen
aus Sicht der Industrie ist oft genug, dass diese selten
wirkliche Veränderungen wünschen. Häufig genügt
es ihnen, Altbekanntes leicht geliftet präsentiert zu
bekommen. Auf das wachsende Interesse der Menschen, irgendwie gesünder und nachhaltiger zu leben,
hat die Industrie bislang vor allem mit einer Farbe
reagiert, es ist die Farbe Braun. Es gibt Zigaretten in
braunen Päckchen für all jene, die sich ihren Krebs
auf gesündere Weise zusammenquarzen möchten.
Es gibt diese Papiertüten im Supermarkt, die kaum
ein Mensch so oft benutzt, dass sie sich aus Klima-
gründen wirklich lohnen. Und wenn es so weitergeht,

dann werden, warum auch nicht, bald im Namen der Energiewende auch Kohlekraftwerke mit brauner Pappe verkleidet. Die N. ist auf diese Weise nicht selten ein → Mattigkeitsausdruck.

**Offiziositätsphrasen,** die. War es uns, sehr verehrte Damen und Herren, ein Anliegen, dieses Engagement auch dahingehend zu würdigen, dass wir diese gemeinsame Anstrengung hier und heute am Ende des Tages auch zusammen honorieren. Möchte ich mich deswegen ganz besonders bedanken bei den Kolleginnen und Kollegen, ohne die das nicht möglich und, wenn Sie so wollen, alles andere umso mehr unmöglich gewesen wäre.

**Prädestinationslehre,** die. Herrschende, jedoch irrige Annahme, der nach das Allermeiste auf Erden wie im Leben vorbestimmt sei und man als Einzelner ja gleich gar nichts verändern könne. Viele Anhänger der P. neigen zur Lebensbequemlichkeit, andere begründen die P. für sich religiös, strengen sich dann aber trotzdem an, um ihre begrenzte Zeit auf Erden bestmöglich zu gestalten. Nach bisherigen Erkenntnissen ist viel weniger vorbestimmt als weithin angenommen, zum Beispiel tagtäglicher Stau um Olpe sowie der Niedergang der SPD.

**Riesenzerknirschung,** die. Fast alles ist von der Moderne relativiert worden, selbst die Niederlage. Wenn heute ein Fußballverein ein Spiel in der Champions League verliert oder die Handballnationalmannschaft das Finale einer WM, dann trägt niemand lange Trauer. Die Spieler sagen dann, sie hätten alles gegeben, ärgerlich und schade sei es, aber mal gewinne man und mal nicht, das sei eben Fuß- respektive Handball. Die Fans sagen, Mensch, ihr habt toll gekämpft, Kopf hoch, beim nächsten Mal. Was seltener geworden ist im Sport, das ist die R. – umso mehr droht sie gesamtgesellschaftlich. Wenn die Wirtschaft mal nicht mehr das macht, was die Wirtschaftspresse »brummen« nennt, wenn der Bundestag sich doch noch mal schlimmer verfärbt, als man das selbst heute für möglich hält, dann gibt es vielleicht mal wieder eine Große Depression. Das wäre nicht schön, aber etwas erträglicher, nennten wir diese Große Depression nicht eben so, sondern Riesenzerknirschung. Keinesfalls anzuwenden ist die Vokabel R. auf Ben Grimm von Marvels Fantastic Four.

**Sehnsuchtsanwandlung,** die. Der Tod der Mutter, die verflogene Liebe, der gemeinsame Sommer, damals, mit Olli und Stefan an der Ostsee: Nicht alles, was geschehen ist, ist vorbei und nicht alles, was vorbei ist, bleibt für immer fern. Es gibt diese Momente, in denen ein Schütteln uns rüttelt, etwas Vergangenes uns einholt und dadurch gegenwärtiger wird als alles tatsächlich Gegenwärtige. Manchmal ist dieses Schütteln ein schönes, mehr dankbar als verzehrend. Öfter wohnt ihm ein gefährliches Wünschen inne: Was wäre, wenn? Welcher Farbe dieses Schütteln auch ist, es könnte keine schönere Umschreibung dafür geben als das Wort Sehnsuchtsanwandlung. Der sehnsüchtige Teil des Kompositums erklärt sich von selbst, in der -anwandlung klingen List und Heimtücke, mit der diese Sehnsucht uns manchmal überfällt.

**Tafelaufhebungsrecht,** das. Was mancherorts noch als Drohung ausgesprochen wird, ist in vielen Filmen bereits zu einer Karikatur geschrumpft. In dieser Karikatur zu sehen ist ein schnurrbärtiger und besonders säuerlicher Familienvater. Neben ihm sitzt eine bemitleidenswerte Frau, deren Gutmütigkeit sie bis zum Tage gezwungen hat, dieses Scheusal namens Uwe nicht zu verlassen. Und außerdem sind da ja noch die Kinder, einer muss doch an die Kinder denken! Diese Kinder sitzen mit am Tisch, meist Junge und Mädchen, meist sind sie in der Pubertät, er etwas jünger und meist hat sie gerade etwas gesagt, das der Vater als respektlos empfindet. Also spricht Uwe: »Solange du DEINE Füße unter MEINEN Tisch stellst …« – und dann folgt der zweite Bruch mit dem, was nur der Vater noch als Regel empfindet. Die Tochter steht auf und eilt davon und Uwe wird klar, dass nicht einmal mehr das Recht, die Tafel aufzuheben, bei ihm liegt. Sorry, Uwe. Die Zeiten sind vorbei. Überhaupt braucht das T. eigentlich keiner mehr. Gibt es ein Tafelaufhebungsrechtsaufhebungsrecht? Wer hat es inne?

**Unterhaltungspräliminarien,** die. Die unterraschendste Form der U. finden wir in der Diplomatie, wo alle Zeit zäh und jeder Fortschritt einer in Trippelschritten ist. Chinesen gegen Russen, Israel mit den Amerikanern, und immer ist irgendwer gekränkt oder fühlt sich brüskiert. So geht es zu bei den Vereinten Nationen und oft kommt es erst dann zu Gesprächen, wenn gewisse U. definiert sind – diese Petition dürfe nicht infrage gestellt, an jenem Abkommen nicht gerüttelt werden, sonst könne man das Reden gleich lassen. Warum nicht ins Private übertragen, was in der Weltpolitik funktioniert? Der Ehemann könnte von der Ehefrau vor dem Feedbackgespräch zum Thema Haus & Hof erbitten, dass der natürlich nach wie vor völlig zugemüllte Keller nicht als Argument anzuführen sei, das sei doch auch in ihrem Sinne und bewahre das Gespräch vor einer Eskalation, mit der andernfalls unter Garantie zu rechnen sei. Die Ehefrau würde sich dann kurz in Beratungen mit sich selbst zurückziehen und zugestehen, gut, der Keller bleibe außen vor, wenn, ja, wenn selbiges für die Begonien gelte. Sie habe nicht vergessen, dass diese ihm – wenngleich selbst ohne Stacheln – ein Dorn im Auge seien, aber sie finde Begonien nun einmal schön, grundsätzlich wie konkret jene auf dem Balkon, daran werde sich auch nichts mehr ändern. Der Ehemann könnte einwilligen und so hätten beide, mit nur zwei U., ein ganzes Wochenende gerettet.

**Vormittagsschläfchen,** das. Ab und zu gibt es in der Zeitung etwas aus dem Alltag prominenter Personen zu erfahren und während früher in den Klatschspalten vor allem private Betrügereien und Besäufnisse vermeldet wurden, scheint sich die Nachrichtenlage in diesem Segment in den vergangenen Jahren verschoben zu haben. Auffällig zum Beispiel ist, dass prominente Menschen gerade aus der Wirtschaft immer häufiger berichten, sehr früh aufzustehen. Sie unterscheiden sich zwar weiterhin darin, wie sie mit der zusätzlichen Zeit umgehen – manche machen Yoga, andere lesen, auch Ausdauerläufe noch vor Sonnenaufgang werden mitunter genannt. Wer weiß, vielleicht ist da draußen im Park immer schon die Hölle los, während man selbst noch unter Federn liegt? Viele Menschen neigen ja dazu, angebliche oder echte Routinen von erfolgreichen Menschen zu übernehmen in der so nachvollziehbaren wie naiven Hoffnung, allein dadurch selbst ein erfolgreicher Mensch zu werden. Bei gewissen Dingen gelingt dies leicht: Chia-Samen essen, täglich das gleiche T-Shirt tragen (nicht zwingend dasselbe), vor dem Schlafengehen beten. Mit dem frühen Aufstehen aber ist es nicht ganz so leicht. Wo führt das hin, wenn wir, die wir tagtäglich nicht ganz so viel zu bewältigen haben wie die CEOs von Weltfirmen, alle immer früher aufstehen, um immer disziplinierter unser Werk zu verrichten? Kommt dann nicht irgendwann der Tag, an dem man um 10 Uhr auf die Uhr schaut und nicht so recht weiß: Was nun? Andererseits, 10 Uhr, das ist dann natürlich die perfekte Zeit für ein Vormittagsschläfchen. Das hat man sich dann nach einem langen Arbeitstag auch wirklich verdient.

**Weltabgeschiedenheit,** die. Vor einigen Jahren erzählte ein Freund von einer weit über 80-jährigen Bergfrau, die er gegen jede Wahrscheinlichkeit in einem kleinen

Ort in den Alpen getroffen hatte. Die Wahrscheinlichkeit dieses Treffens war deswegen so gering gewesen, weil die Frau nur einmal im Jahr den Ort besuchte, um ein paar Dinge wiederkehrenden Bedarfs zu kaufen: Zahnbürsten, Bücher, etwas Kleidung. Den kompletten Rest der Zeit verbrachte sie auf ihrem Hof oben in den Bergen: ohne Fernseher, ohne Internet, ohne von der Post auch nur gelegentlich angefahren zu werden. Sie verbrachte fast ihre gesamte Zeit also in totaler W. und sie schien, so berichtete es der Freund, darunter in keiner Weise zu leiden, sie schien stattdessen: selig. Nun können und sollen wir nicht alle auf irgendwelche Berge ziehen. Aber die Idee der W. als kleine Pause von allem ist wertvoll. Eine tagsüber-Stunde das Handy in den Flugzeugmodus überführen, eine Stunde im Morgengrauen durch noch leere Straßen spazieren, im Zug die Augen schließen und zwischen Kassel und Frankfurt einfach mal nichts denken, nichts sagen, nichts machen: Erst die gelegentliche W. ermöglicht es uns, der Welt sonst wirklich zugewandt zu sein.

**Zärtlichkeitsanflüge, die.** Wir müssen nicht noch einmal zum traurigen Uwe und seinem Tafelaufhebungsrecht zurückkehren, um uns bewusst zu machen, dass auch seelisch Verkleisterte und selbst flächig tätowierte harte Jungs dann und wann aus ihren Rollen fallen. Es kann ja keinen Menschen geben, der ohne Zärtlichkeit durchs Leben kommt. So selbstverständlich dieses Bedürfnis für die meisten ist, so kurios sind die Zugangswege zu Zärtlichkeiten für die genannten

Spezialgruppen. Es gibt unerbittliche Schlägertypen, die Spenden für Tierheime sammeln, kein Welpe soll Waise bleiben, das ist ihnen ein echtes Anliegen. Es gibt die von den *Ärzten* besungene Kuschelrock-LP, die zwischen *Störkraft* und den *Onkelz* im CD-Regal steht. Und für beide wie für alle anderen Zärtlichkeitsanflüge sonst reservierter Menschen gilt: besser nicht bloß drüber schmunzeln – stattdessen die Schönheit der Z. begreifen. Zärtlichkeitsanflüge sind ein passives Kommunikationsangebot. Und sie sind beleuchtungsrelevant für das Innenleben der derart angeflogenen. Leonard Cohen: *There is a crack in everything. That's how the light gets in.*

# Kleingarten Eden

Was ich von diesem Sommer nicht vergessen werde, das sind die Wolken. Mein Gott, Wolken. Wie die aussehen können. Manche fett und satt und verquollen. Manche fransig und sanft in die Länge gezogen wie damals Fuchur, der kuschelweiße Glücksdrache aus der unendlichen Geschichte. Manche einfach nur surreal künstlich, zum Beispiel dieses schlecht gerenderte weiße Zittern einmal über dem Weg von Rheinsberg nach Binenwalde. Es war, als hätte jemand das Bildschirmformat des Himmels umgestellt und den Wolken nicht Bescheid gegeben.

Nach einem solchen Sommer stellen sich vor allem zwei Fragen: Was nehme ich mit? Was lasse ich zurück? Die zweite Frage ist leichter zu beantworten. Zurück in Brandenburg lasse ich vor allem drei Dinge. Erstens, Moniquita y Cocolita. Zweitens, einen Teil meiner Angst vor knurrenden Hunden. Drittens, etwa 140 Euro in bar und ein paar Gramm Kleingeld. Das klingt, in Summe, womöglich nach einem schwierigen Lebenswandel, nach einem missglückten Ausflug in einen schattigen Hinterhof in irgendeinem Rauschgiftviertel. Aber ich kann das erklären, der Reihe nach.

Moniquita y Cocolita, das sind Moni und Coco. Moni hat mich zeitweise bei sich wohnen lassen und sie hat nicht nur eine gute Seele, sie ist sogar eine. Coco ist Monis Hund, ein kleines wattiges Knäuel in Weiß, ein Bichon Frisé. Aber das sagt Moni nicht als Erstes, wenn beim Gassigang mal wieder ein Teenager zu quietschen beginnt: Awww, ist die niedlich! »Ja, ja«, ruft Moni dann zurück, »die ist handgestrickt!«

Und Moni, die ist irgendwie auch handgestrickt. Moni sagt nicht: Du, ich schreibe dir dann noch eine SMS. Sie sagt: »Du, ich däumel dir dann einfach, ja?« Ja. Und wenn Moni däumelt, dann grüßt sie manchmal auch von Coco und jedes Mal anders:

»Happy walking wishes von Mo & Co … no reply necessary.«

»herzlichst, mo plus hotdog-co« (als es heiß war)

»Nice weekend m & no-more-that-hot-dog coco« (als es nicht mehr so heiß war)

Und eben: Moniquita y Cocolita. Vor Coco hatte ich natürlich keine Angst. Sie freute sich äußerlich immer, wenn wir uns sahen, ich freute mich nach innen. Und wenn ich baden war, im See, dann blieb Coco am Ufer und vollbrachte jedes Mal das Kunststück, auf mich und meine Sachen gleichzeitig aufzupassen.

Angst aber habe ich vor knurrenden Hunden und dass ich einen Teil davon in Brandenburg zurücklassen kann, liegt an einem Kammerspiel unter freiem Himmel, das sich an einem Nachmittag im Havelland ereignet hat. Aus der Böschung an einem See sprang komplett potzplötzlich ein Hund hervor und auf den Feldweg, dort spannte er sich an und auf und begann in meine Richtung zu knurren und zu bellen. Kein Schoßhund, ein Köter. In seinen Augen kein Kompromissangebot, nur kaltes, milchiges Weiß.

Ich dachte als Erstes: Wegrennen hat keinen Sinn. Er wird dir hinterherrennen und er sieht irgendwie aus, als wäre er schneller als du. Viel schneller. Ich dachte als Zweites: Du könntest einen Stein werfen, knapp neben ihn, wie damals in Albanien bei diesem Wolfshund, da hatte das doch auch geholfen. Ich dachte als Drittes: Doof, dass hier kein Stein herumliegt, kein einziger Stein.

Die Lösung, vielleicht: Was der kann, kannst du doch auch … mal versuchen zumindest. Und ich begann also, na ja, doch: zu knurren. Ich begann nicht zu bellen, wirklich nicht, ich schwöre. Aber ich knurrte und ich machte einen zweieinhalb Kaffeebohnen großen Schritt auf den Hund zu und ich knurrte weiter und ich schrie ihn an und er wich tatsächlich ein kleines bisschen zurück. Ich lächelte, aber nur kurz. Denn der Köter ging nicht fort. Wieso ging der nicht weg, wenn er doch schon zurückgewichen war? Der Köter fing nun wieder an zu knurren, er ging seinerseits wieder ein paar Pfotenlängen auf mich zu und so ging es eine Weile hin und her, ein Tauziehen der Angst zwischen Mensch und Tier. Ich stellte mich so langsam auf ein zähes Ringen ein, auf ein

Duell der Rekordmarke Federer gegen del Potro, 2012, Olympisches Halbfinale, mit dem kleinen Unterschied, dass es hier im Havelland vermutlich Verletzte geben würde. Ich stellte mich genau darauf ein, ich knurrte dabei weiter und fixierte den Köter mit strengen Blicken und achtete auf meine Fußarbeit, weil ich aus den ganzen Boxfilmen noch wusste, dass es darauf im Duell mit Wilden besonders ankommt. Ich tauchte also tief ein in diesen Kampf, als hinter der Böschung auf einmal in allergrößter Gemütlichkeit und mit skandalöser Verspätung eine Frauenstimme emporstieg: »Der spielt nur'n bisschen, gehn Se am besten einfach weiter.«

Die Sache ist dann noch einigermaßen friedlich ausgegangen. Ich ging weiter und sammelte einen Stein vom Wegesrand ein, für alle Fälle. Bald schon warf ich ihn wieder weg. Ich verstand, dass auch der Hund Angst hatte, und seitdem ist meine eigene gar nicht mehr so groß.

Tja, bleiben noch die 140 Euro. Das war an einem Nachmittag im Bus, in der Linie 770 nach Alt Ruppin. Ich stieg ein, kaufte ein Ticket, setzte mich, stand wieder auf, stieg aus, merkte: Das Portemonnaie ist weg. Ich ging zur Polizei, Tagchen, beschreiben Sie mal bitte den Tathergang. Ich erzählte also von der Busfahrt und auf einmal fiel mir auf, dass im Grunde der ganze Bus voller Verdächtiger gewesen war, inklusive einer Gauklerin mit weiter Kleidung und Jonglierfackeln und Haaren, denen man angesehen hatte, dass sie ein bisschen zu lange nicht gewaschen worden waren. Ich erzählte das alles und dann fragte ich den Beamten, ob man in solchen Fällen sein Geld wohl von der Versicherung wiederbekommen würde? Eher nicht, sagte er, andererseits habe er selbst einmal »besoffen im Bus jesessen, dann bin ick einjeschlafen und jemand hat mir das Handy aus der Hand jezogen. Da hab ick mein Jeld ooch wiederbekommen.« Das fand ich aufmunternd.

Von solchen kleinen Ereignissen lässt man Tausende zurück, von den kleinen und größeren Begegnungen immerhin noch Hunderte. Moni und Coco, Krafft Freiherr von dem Knesebeck. Troppi und seine Freunde, Schniepa, der Kapitän. Reinhard und Gabi, Christian und Babsy und die Schlossmannschaft. Und so noch lange weiter und so noch lange nicht fort. So vieles lasse ich zurück und doch eben nicht, weil die Antwort am Ende ja auch lauten kann, dass man einen einmal besuchten Ort und einen einmal getroffenen Menschen nie so ganz wieder verlassen kann und der einen andersherum ja vielleicht auch nicht.

Muss man ja auch nicht. Will man vielleicht gar nicht. Und man kann jedenfalls doch immer davon berichten, sich selbst oder anderen, vorzugsweise in dem, was Fontane in seinen eigenen Wanderungen »den Plauderton des Touristen« nannte. Schon er, der sich viele Jahre Zeit und noch sehr viele Buchseiten mehr nahm, um von seinen Erlebnissen zu erzählen, kam am Ende zu dem Schluss: »Und von manch' ähnlichem Tage könnt' ich noch berichten!«

Es gibt keine Vollständigkeit, nicht im Reisen, nicht im Erinnern, nicht im Schreiben, nicht im Leben. Und so gehe ich aus Brandenburg auch nicht mit einem Fazit oder gar einem Urteil, ich gehe randvoll mit Eindrücken und Erinnerungen und Gefühlen nach Hause und bin im Grunde nur noch mehr fasziniert davon, wie unterschiedlich je nach Leben Normalität aussehen und definiert werden kann und wie endlos viel in dieser unterschiedlichen Normalität pausenlos geschieht. In Nachbars Garten, einen Straßenzug weiter oder einen Ort, überall Leben, in jeder Sekunde und nie geschieht wirklich nichts. Wie war das noch mal? Fontane hatte die Mark »reicher gefunden als [er] zu hoffen gewagt hatte«. So kann es einem heute noch gehen, wenn man beim Wandern den Kopf oben und die Augen offen hält.

Wenn es in diesem Sinne einen Moment gibt, der diesen Sommer einigermaßen fasst, dann folgenden. Einmal kam ich zu den großzügiger parzellierten Grundstücken am Rande einer Kleingartensiedlung. Eines dieser Grundstücke war nur mit einer Baracke bebaut, den großen Garten fasste ein hüfthoher, grüner Zaun. Ich ging an diesem Zaun vorbei, ich blieb stehen und ich ging dann eine halbe Stunde nicht fort, weil ein Tier darin eine naturphilosophische Performance zeigte, die mich einfach bannte.

Wenn ich Tier schreibe, dann weil ich nicht genau sagen kann, ob es ein Hund war oder ein Hausschwein oder eine Kreuzung aus beidem. »Es« hatte enorm kurze Beine und einen irrwitzig gedrungenen Körper, eine einzige Knautschzone, deren Fettlappen sich wellten wie bei einem Akkordeon. So stand das Tier da, allein auf weiter und doch umzäunter Flur. Außer ihm war fast nichts in diesem Garten, aber so ein Gute-Laune-farbe-ner Gymnastikball, wie man ihn von Leuten aus dem Büro kennt, die eben einen solchen Ball und es trotzdem mit dem Rücken haben.

Jedenfalls watschelte der Schweinehund irgendwie lustlos auf diesen Ball zu und begann, ihn mit seiner massigen Nase durch den Garten zu stupsen. Der Ball rollte und rollte, dann prallte er vom Zaun zurück und der Schweinehund stupste ihn wieder in eine andere Richtung. So ging das immer weiter und ich fragte mich, wie viel oder wenig Freude es dem Schweinehund wohl bereiten würde, diesen Ball herumzustupsen. Ich fragte mich, ob der Schweinehund es bedauerte, dass der Garten umzäunt sei oder ob er stattdessen staunend vor Freude immer wieder denken würde: Mensch, was für ein herrlich großer Garten! Ich fragte mich, ob dem Schweinehund nicht irgendwann langweilig werden müsse, weil seine Übung und sein Fleiß kein Ziel je erreichen konnten und wenn Sisyphos in Brandenburg gelandet wäre und die Suche nach einem gescheiten Berg irgendwann aufgegeben hätte, dieser Garten und dieser Ball wären seine zweite Wahl gewesen und keine schlechte.

All das fragte ich mich und ich kam vom Hundertsten ins Tausendste, ich kam wieder zu den Fragen nach Heimat und Gegenwart und Zukunft und dann aber dachte ich irgendwann, Moment, im Grunde ist doch alles viel einfacher, zumindest für den Schweinehund. Es ist nämlich so, dass der Schweinehund genau zwei Alternativen hat. Entweder er stupst den Ball herum. Oder er stupst den Ball nicht herum. Das war's.

Der Schweinehund, dem ich begegnet bin, hat sich dazu entschieden, den Ball herumzustupsen. Deswegen dürfen wir uns diesen Schweinehund als einen glücklichen Schweinehund vorstellen. Und auch deswegen bleibt er in so guter Erinnerung, dieser Sommer voller irgendwie komischer Tage in Brandenburg.

# Dank

Ich danke Verena. Ich danke Julia und Phillipp, Margaux und Amac, Tobias, Monica und Coco sowie allen weiteren Weggefährten. Ich danke Julia Hoffmann und insbesondere Elisabeth Schmitten, nicht zuletzt für Geduld und Gelassenheit. Ich danke der *Süddeutschen Zeitung*, dass sie mich hat fortgehen und wiederkommen lassen.

# Zitathinweis

Folgende Ausgaben wurden für Zitate herangezogen:

Theodor Fontane, *Wanderungen durch die Mark Brandenburg*, hg. von Gotthard Erler et al., Aufbau 1998.

Theodor Fontane, *Wanderungen durch die Mark Brandenburg*, vollständige, kommentierte Ausgabe in drei Bänden, hg. von Helmuth Nürnberger, dtv 2006.

Emilie & Theodor Fontane, *Die Zuneigung ist etwas Rätselvolles: Eine Ehe in Briefen*, hg. von Gotthard Erler, Aufbau 2018.

Die Darstellung jeglicher Mundart in diesem Buch folgt zwangsweise und besten Gewissens dem Prinzip Schreiben nach Gehör.

Sollte diese Publikation Links auf Webseiten Dritter enthalten, so
übernehmen wir für deren Inhalte keine Haftung, da wir uns diese
nicht zu eigen machen, sondern lediglich auf deren Stand zum
Zeitpunkt der Erstveröffentlichung verweisen.

Verlagsgruppe Random House FSC® N001967

PENGUIN und das Penguin Logo sind Markenzeichen von
Penguin Books Limited und werden hier unter Lizenz benutzt.

1. Auflage
Copyright © 2019 by Penguin Verlag
in der Verlagsgruppe Random House GmbH,
Neumarkter Str. 28, 81673 München
Umschlaggestaltung: Sabine Kwauka
Umschlagabbildungen: © Amac Garbe
Satz: Vornehm Mediengestaltung GmbH, München
Druck und Bindung: GGP Media GmbH, Pößneck
Printed in Germany
ISBN 978-3-328-60060-2
www.penguin-verlag.de

 Dieses Buch ist auch als E-Book erhältlich.

Sylvain Tesson
Auf versunkenen Wegen

Aus dem Französischen von
Holger Fock
Auch als E-Book erhältlich

# Eine Einladung, sich aus dem Staub zu machen

Mitten in Europa existiert es noch: unberührtes, verzaubertes Land. Sylvain Tesson durchwandert Frankreich, vier Monate lang, vom Mercantour bis in die Normandie. Seine Sehnsucht nach Stille und Abgeschiedenheit führt ihn durch verlassene Dörfer und Landschaften, auf vergessenen Pfaden und alten Wegen, die keiner mehr benutzt. Vielleicht nur die Wölfe.

»Bisher las man Tesson, um in die Ferne zu schweifen. Jetzt kann man mit ihm die eigene Heimat erkunden.« *Paris Match*